阴谋

闫荣霞 ◎ 著

突破现实困境的历史智慧

成都时代出版社
CHENGDU TIMES PRESS

图书在版编目（CIP）数据

阳谋：突破现实困境的历史智慧 / 闫荣霞著 . --
成都：成都时代出版社，2024.2（2024.7 重印）
ISBN 978-7-5464-3384-4

Ⅰ . ①阳… Ⅱ . ①闫… Ⅲ . ①谋略—中国—古代
Ⅳ. ①C934

中国国家版本馆 CIP 数据核字 (2024) 第 016170 号

阳谋：突破现实困境的历史智慧
YANG MOU : TUPO XIANSHI KUNJING DE LISHI ZHIHUI

闫荣霞　著

出 品 人	达　海
责任编辑	周小彦
责任校对	李　林
责任印制	黄　鑫　曾译乐
封面设计	荆棘设计
版式设计	范　磊
出版发行	成都时代出版社
电　　话	（028）86785923（编辑部）
	（028）86615250（发行部）
印　　刷	三河市宏顺兴印刷有限公司
规　　格	165mm×235mm
印　　张	12
字　　数	180 千字
版　　次	2024 年 2 月第 1 版
印　　次	2024 年 7 月第 6 次印刷
印　　数	530001-780000
书　　号	ISBN 978-7-5464-3384-4
定　　价	68.00 元

兵不豫定，无以待敌；计不先虑，无以应卒。

——《说苑·谈丛》

利可共而不可独，谋可寡而不可众。

——《省心录》

成于事而合于计谋，与之为主。

——《鬼谷子·忤合》

心安静则神策生，虑深远则计谋成。

——《邓析子·转辞》

谋者谋于未兆，慎者慎于未成。

——《臣轨·慎密章》

纵观中华文明史，泱泱大国，数千载岁月，英雄辈出、豪杰遍地，智勇双全者比比皆是，如执子弈棋，以天地为棋盘，请天下人入局。

试看这一局局天下纷争、阴谋阳谋错综复杂的大棋，棋盘中有算不尽的人心，道不完的局势，拨转不定的时势变化，一言以定乾坤的老辣与潇洒。

棋局中发生过多少摆不上台面的阴谋，就发生过多少与之相对的阳谋。所谓"阳谋"，自然是针对"阴谋"而言的。它是根据现有的条件，因势利导，以达成目标。就如两军相对，以堂堂之势威压全场，将胜利收入囊中。

比如春秋末年齐相晏子的攻心计，只凭两个桃子，就轻松杀掉三个勇士。他没有行使阴谋，只不过将桃子随手一递，就达到了目的。

比如汉武帝时期的推恩令，只凭一纸推恩裂土的政令，就治好了诸王坐大的顽疾，将他们拥有的土地和权力如同切蛋糕一样，越分越小。

比如三国时期曹操的挟天子以令诸侯，只凭一个几乎名存实亡的汉家天子，就能够号令诸侯。

比如唐代的郭子仪，只凭两扇大开的府门，就让诸多宵小之辈，断绝了中伤他甚至杀害他的心思。

比如明太祖朱元璋打天下之时，凭着高筑墙、广积粮、缓称王的方针，就于群雄乱战中脱颖而出，当了大明天子。

……

与阴谋相对应的阳谋，看上去是那样堂皇正大，那样纵横捭阖，那样

1

以势横扫天下。那是真正地算尽人心局势，是真正地举泰山若拈芥子。让人遥观古人，心生向往，恨不能生在同一时代，能一睹其风采。

智谋的运用各有不同，相较于暗中策划的阴谋，阳谋折射出的是无穷无尽的大智慧、大能耐。

天下大势，群雄并争，不一定要以狡计求胜，智慧更可以无往不利，求人得人，求心得心，求胜得胜。

本书带您重温数千年历史，看看历朝历代的智者怎样以无上的勇气与智慧，应对一个个不好应对的人与一场场纠葛纷扰的冲突。看他们怎样助君主安民，怎样助国主定鼎，怎样助天下人安居，怎样收天下人心为其所用。

南怀瑾说："一切工作都必须有这样的精神和才具，以寡击众，以弱击强，以长制短，以短制长，这是一个很高深的本事，比做生意还难。"

而所谓的阳谋，即抓住别人的弱点，摆堂堂之兵，列堂堂之阵，以达到自己的目的。相较阴谋而言，自有一番气不可夺之风采。

以史为镜，可以鉴今。而于今堂堂之世，各行各业你追我赶，竞相发展。哪怕是对手，亦可以堂堂正正地谋算来取得胜利；如果是同伴，更可以堂堂正正地胸怀合作共赢。

以史为鉴，不仅可明得失，更能够增长智慧，扩充胸怀，使我们的目光由眼前的柴米油盐，移至过往的烽烟离乱，移至未来的光明可期。

目录

齐晏攻心计，二桃杀三士

奇智妙计

　　二桃杀三士，是发生于春秋时期的一则故事。齐相晏子面对齐国三个大将既意气相投，关系亲密，又日益骄横的情形，巧妙设计，制造矛盾，不露声色地了结了三个人的性命。

　　齐景公时期，齐国有三位勇士：公孙接、田开疆、古冶子。他们武艺高强，功劳显赫，又意气相投，结为异姓兄弟。

　　这三位勇士自恃功高，日益骄横，当时身为齐相的晏婴为此大为头疼。他们三个十分团结，不能轻动，否则整个国家都会有祸事。

　　怎么办？

　　晏婴去和齐景公商议，建议想个法子除去这三人，齐景公被他说服，于是召来这三位勇士，对他们加以赏赐。

　　而赏赐他们的，是两个桃子。两个桃子，三个人。

　　晏婴说："三位都是国家栋梁，这是宫廷栽的好桃树结出的好桃子，可惜只有两个。三位将军根据自己的功劳，自己分配吧。"

　　这怎么分？

　　但是，国君的赏赐是何等荣耀，怎么能够拱手让人？而如果拱手让人，日后传出去，别人会以为主动谦让的那位没本事。一念及此，性情急躁的公孙接第一个发言，开始摆功劳："当年我曾在密林捕杀野猪，也曾在山中搏杀猛虎，密林的树木和山间的风声都铭记着我的勇猛，难道我还不配吃一个桃子？"

　　说完，他就取了一个桃子在手。

田开疆紧随其后："我两次领兵作战，打得敌人大败。守土卫民，忠诚国君，这样的我，难道不配享受一个桃子？"

于是，他上去拿过第二个桃子。

古冶子一看转眼间两个桃子都被人取走，他也恼了："你们虽然勇猛，但是不要忘了，当年是我守护国君渡黄河，途中一只大鳖差点把国君的马车拖进水里，别人吓得一动不敢动，只有我跳下水去，一番激战，杀了这只鳖怪。立下这番功劳的我，是不如你公孙接，还是不如你田开疆？你们只看到自己的功劳，却没看到我的功劳，我耻于与你们为伍！"

结果这番话说完，公孙接和田开疆陷入深刻的反思："论勇猛，我们不及古冶子；论功劳，我们也不及古冶子。我们却在他面前抢夺桃子，何等贪婪无耻，真是让人羞愧！"

这两个勇士，重荣誉轻性命，干脆拔剑自刎。

古冶子一见两个朋友转眼尸横于地，大惊大悔："为了一个桃子，他们死了，而我还活着，此乃不仁；我夸耀自己，羞辱朋友，是为不义；朋友因我而死，我深为悔恨，却不敢自杀，是为无勇。像我这样的人，又有何面目立于天地之间？"

说完，他也自刎而死。

精要简析

晏婴只用两个桃子，就达到了除掉三士的目的，因为他抓住了人性的弱点，以最小的代价，在三人之中制造矛盾。同时，这三位勇士之所以掉入算计之中，还是因为心气过高，最终才酿成苦果。

管仲购鹿，不动一刀，制服楚国

奇智妙计

两强相争，未必一定要靠武力。用奇谋妙计削弱敌国方是高招。管仲购鹿，看似是给楚国送钱，实际上是在挖楚国墙脚，却让楚国人提不起警惕，趋之若鹜。这种堂堂阳谋，才是真正的奇谋妙计。

齐桓公称霸中原，但是楚国不听齐国号令。多位大将请战，要求攻打楚国，相国管仲却不支持，因为齐楚实力相当，交战只会两败俱伤。

这天管仲派许多商人到楚国去买鹿，因为只有楚国才有这种动物。

楚国气候适合鹿的生长，此地人只拿鹿来杀食吃肉，而且鹿价颇贱，两枚铜币就能买一头，管仲派去的商人到处宣讲说齐桓公喜欢鹿，为买它不惜重金，大家可以多多捕来卖。

楚国商人见有利可图，纷纷到处收购，然后转卖给齐国来的商人。结果鹿价水涨船高。于是楚国人也不下地干活了，纷纷上山捕鹿。更过分的是，连楚国官兵都停止训练，偷偷上山去捕鹿了。

越是这样，管仲越是拼命从楚国买鹿，鹿价提高到四十枚铜币一头。

管仲越是拼命买鹿，楚国人越是荒废生产、军事，拼命捕鹿，用自家的鹿，换来堆积如山的铜币，而自家的田却撂荒了，军士们也军心涣散。

更要命的是，楚成王和楚国大臣也高坐庙堂，乐见其成。一段时期以后，令楚人想不到的是，管仲下令，禁止各诸侯国与楚国做粮食买卖。

这样一来，手捧金碗，却要不来饭吃，楚民民心涣散，楚军缺粮，如此良机，管仲怎么会放过？当即集合八路诸侯军，浩浩荡荡，大军压境。

楚成王这下子傻眼了，内外交困，无可奈何，只好求和，愿以齐王号令为尊。

精要简析

管仲以利诱使楚人不事生产，再以经济封锁，使楚人尝到不事生产的恶果。可笑的是楚人短视，酿下了苦果。

曹刿远见，打赢长勺之战

奇智妙计

两军交战，明知道敌方势盛，自然要避其锋芒；及其势衰，方可一鼓作气。以比拼士气的方法来打仗，就好比把胜负都摆在了明面上。

公元前 684 年，齐国发兵攻打鲁国，齐将鲍叔牙率军一直打到鲁地长勺。

鲁国的曹刿精通兵法，主动请战。

鲁庄公召见了曹刿，同意带他上长勺迎敌。

两军对垒，齐将鲍叔牙下令击鼓进兵，鲁庄公也准备击鼓对敌。

曹刿阻止他："等一等！"命令大军不可轻动。

齐军听着鼓声前来冲阵，气势如虹，但是鲁军军阵坚固，冲不动，只好退后。

然后齐军又擂响了第二通鼓，鲁庄公又要对敌，曹刿仍旧说："不要动，等一等！"于是鲁军仍旧坚守不动，齐军气势汹汹，但仍旧冲阵不成，只能退后。

齐军擂了第三通鼓，面对着守好阵脚的齐军，冲来的脚步声不再急切，喊杀声不再激昂，就好像虚应故事一样，虚晃了一下，就退了回去。

到了这时，曹刿才对鲁庄公说："好了，现在击鼓，进军！"

于是鲁军战鼓敲响，一声令下，如洪水下山，声势惊人。齐军胆弱声颤，落荒而逃。

鲁庄公要下令乘胜追击，又被曹刿阻止，他站在兵车上，向着远处眺望，又下车细看齐军兵车碾过的印痕，然后才说，现在可以追击了。

于是庄公下令追击，齐军大败。

战后，鲁庄公问曹刿这样指挥的原因何在。曹刿说了他的道理：打仗靠的是一股勇悍之气。第一通鼓响，士兵们勇气最壮，这时候不要直攖其锋；打第二通鼓时，士兵们的勇气就有所回落；打第三通鼓时，士兵们的勇气也就泄得不剩什么，提不起劲来了。这时候我们才敲起第一通鼓，勇气正是最高点，斗志昂扬，焉有不赢之理。

鲁庄公连连点头，又问他："齐军既败，你为什么不让士兵立即追击？"

曹刿说："齐国是大国，鲍叔牙又是名将，说不定他们逃跑是假的，要埋伏起来诱敌深入呢？所以一定要小心。我遥望他们旗帜散乱甚至倒下，再看他们的兵车车辙散乱，毫无章法，可见是真的溃败，这样追击起来才没问题啊。"

鲁庄公一听，大加赞扬："你对军事真是精通！"

精要简析

曹刿以他的"一鼓作气，再而衰，三而竭"的军事理论取得战斗胜利。而且，曹刿在得胜的时候没有骄傲和急躁，而是认真观察之后方才确认对方败逃，下令追击，这种不被胜利冲昏头脑的冷静也值得我们学习。

司马穰苴，斩将立威

奇智妙计

穰苴要为自己确立威信。而最好的法子，莫过于杀鸡儆猴。当着所有人的面杀掉君主宠臣，以使人人敬畏，难道不是很好的法子吗？

春秋时期，齐景公时，晋国和燕国进犯齐国，齐军大败。

相国晏婴向齐景公推荐田穰苴（又称司马穰苴），说他有文德武略，文德可使部下亲附，武略可使敌人畏惧。于是齐景公召见了田穰苴，任命他为将军，率兵抵御燕、晋两国的军队。

田穰苴说："臣下出身卑贱，君王把我从平民中提拔起来，置大夫之上，士兵们不会服从，百姓也不会信任。"就此，他请求派君王宠信而且国家器重的大臣来监察军队。

齐景公答应了，派他最宠信的庄贾去做监军。

田穰苴与监军庄贾约定大军第二天开拔，并且告诉庄贾："明天正午在军门外相会。"

穰苴率先赶到军门，立起了计时的木表和漏壶，等待庄贾到来。庄贾傲慢自大，喜欢摆架子，又自恃君王宠信，且自己是监军，便什么都不怕！亲戚朋友都来为他饯行，他只顾吃喝，完全忘了与穰苴约定的时间。

到了正午，庄贾仍未到来，穰苴就放倒木表，摔破漏壶，入军营，整军队。直到一切工作都布置完毕，庄贾才姗姗来迟。

穰苴问他为什么迟到，庄贾说是因为亲朋好友为自己送行，所以耽搁了。穰苴说，身为将领，从接受命令的那一刻起，就应当忘掉自己的家庭；从亲临军营申明号令后，就应忘掉私人的交情；从拿起鼓槌指挥作战那一刻起，就应不顾个人安危。如今敌人入侵，已深入国境，全国百姓的生命都维系于你一身，居然还谈什么送行不送行的事。

于是田穰苴让人把军法官叫来，问："按照军法，对约定时刻迟到的人应如何处置？"军法官回答："应当斩首。"

庄贾害怕，派人飞马报告齐景公，请国君救命。报信的人前脚走，后脚庄贾就被斩首示众，三军震恐。

穰苴立威在先，再加上他与士兵同甘共苦，故而三军皆用命于前，奋勇争先。齐军收复了所有失土，得胜而归。

精要简析

穰苴以卑微之身，骤登大将之位，本身就无人望。在这种情况下，如果不能立威严纪，必定面临失败的结局。在这种情况下，穰苴兵行险着，不惜斩杀国君宠臣，果然取得立竿见影的效果，手下将士敢不用命哉！

借路为名，假途灭虢

堂堂正正地向虞国借道行军，虞国君主收了重礼，岂会不应？而他一旦答应了，也就难逃灭亡的命运。

晋国的南面有两个国家，一个叫虞，一个叫虢。

虞国和虢国的祖先都姓姬，所以关系很好。

虢国的君主常派兵扰晋，晋献公想发兵讨伐，就这个问题咨询大夫荀息。荀息说，虞、虢两国交好，打一个，另一个就会帮忙；再说了，虢国戒备森严，也不好下手。所以，倒不如先给虢公送些美女，消磨一下他的斗志再说。

晋献公依计而行，送了不少美女给虢公。

虢公在美女环绕之下，天天纵情享乐，不理政事。

荀息一看，时机已到，可以讨伐虢国了。但是，它的友邦虞国可不能小视啊。所以，他又向晋献公献上一计：给虞公送一份厚礼，跟他借道去讨伐虢国。

晋献公派荀息出使虞国。荀息到了虞国后，向虞公献上厚礼——一匹千里马和一对名贵的玉璧。然后，荀息说明来意，并说如果得胜，所有的战利品也都奉送虞国。

虞公一边把玩着名贵的玉璧，一边欣赏着神俊的千里马，一边畅想着堆积如山的战利品，不由自主地满口答应："好好好，行行行。"

虞国一个大夫赶紧劝阻，但虞公不听。

这年冬天，晋军果然借道虞国，出兵虢国。很快攻占了虢国的下阳，一举控制了虢、虞之间的战略要地。

三年后，晋献公亲自率军攻打虢国，再次向虞借道，很快兵临虢都上阳城下，不久，虢国弱小无援，为晋军所灭。

晋军班师回朝，途中路过虞国，真的把俘获的美女和抢掠的财宝分送虞国，虞国非常高兴，甚至允许晋国把大军驻扎在自己的都城之外。

这天晋献公率军于城外，约虞公到箕山狩猎。虞公就把城中守军都调出来，跟着自己打猎去了。

结果等他回来，城头上站着的却是晋国大将——虞公前脚出城，晋国军队后脚就占领了虞国都城。

虞公后悔莫及，只有投降，虞国也灭亡了。

精要简析

因为一时贪财短视，分不清敌友，任由敌人怀揣狼子野心借道，伐灭自己的邻国，使自己失去臂助，唇亡齿寒，导致自己的灭亡，怎一个"活该"了得！

百里奚：五张羊皮换来秦国称霸

奇智妙计

怎么才能够把一个饱学之士"买"回来？当然要讲点手段了。那就是要摆出此人很一般，我不是太想要的态度，以非常不屑的态度和非常低的价格成交，这样才不会引人注意，让宝贝悄悄落袋。

百里奚本是虞国大夫。

晋国假途灭虢，转而又灭掉虞国，俘虏了虞国国君和大夫百里奚。百里奚不肯在晋国做官，被晋国当作奴隶，在穆姬嫁给秦穆公的时候，陪嫁到秦国。

在去秦国的路上，百里奚逃回楚国，楚成王就让百里奚给他养牛。

秦穆公刚当上国君，胸有大志，听说百里奚是个人才，本想重金把他赎回，但又担心此举会引起楚成王的注意，导致无法顺利赎回百里奚。

于是秦穆公采取了一个办法，就是贵物贱买，摆出很看不上这么个人，但是勉勉强强地买下来给我干活的态度，用一个奴隶的市价，也就是五张黑公羊皮来换。楚成王果然痛快地收下五张黑公羊皮，把百里奚给了秦穆公。

秦穆公解除了百里奚的奴隶身份，向他请教国家大事，拜他为上大夫（上卿），把军政大权都交给了他。因为百里奚是五张黑公羊皮换回来的奴隶，世人就称他为"五羖大夫"。羖，就是黑公羊皮的意思。

百里奚倡导文明教化，内修国政，外图霸业，开地千里，称霸西戎，由此秦国方正式崛起，秦穆公也成为春秋五霸之一。

精要简析

以五张羊皮换一个奴隶，是买卖，是阳谋，是可以堂堂正正交易的。越是这样，越不会引起对方警惕，引发不可知的后果。这种态度和手法很聪明，颇有智慧。

马陵之战：孙膑"增兵减灶"，大败庞涓

奇智妙计

最能显示兵力下降的特征是什么？当然是减灶了。于是齐军就诱敌深入，减灶退兵，麻痹敌人，最终获得大胜。

周显王二十八年（公元前341年），魏国发兵攻打韩国，韩国向齐国求救。齐国应允救援，齐威王任命田忌为主将，田婴为副将，孙膑充任军师，居中调度。

魏惠王命太子申为上将军，庞涓为将，率雄师十万，扑向齐军，要一决胜负。

结果魏军步步紧追，齐军就步步退避，一边退避一边减灶。庞涓一见，认定这是齐军在魏军的军威之下，斗志涣散，士卒不断逃亡，于是下令部队丢下步兵和辎重，轻骑追敌。

等他带轻骑日夜兼程，追到马陵这个地方，见被剥了皮的树干上写着字，但是天黑看不清楚，就让人点起火把照一下，结果树上写着："庞涓死于此树之下。"

庞涓大惊，正要传令，却不知他们早钻进了齐军设的伏击圈。齐军万弩齐发，魏军大败。庞涓大叹"遂叫竖子成名"，自刎而死（一说庞涓被乱箭射死）。

这就是历史上有名的马陵之战。

精要简析

马陵之战，齐军依计减灶退兵，吸引敌人前来追赶。被前方的胜利冲昏头脑的敌人很容易就会踩入陷阱，导致覆亡。

荀息叠蛋有深意，阻谏晋王建高台

奇智妙计

叠蛋这种有趣的小游戏，可以吸引君王的注意力，降低他的警惕心，使他纳谏的可能性大大增加。

春秋时代，晋灵公广征夫役，浪费国帑，要建九层高台。

他怕群臣谏止，干脆下令："谁敢劝阻，格杀勿论！"

此时，荀息求见，晋灵公就拉弓张箭，准备等他一开口规劝，就一箭射死他。

结果荀息拜见晋灵公后，根本不提国君建高台的事，只说他是来给国君表演一个小技艺。

晋灵公的好奇心被勾起来了，问他："什么小技艺？"

荀息说："我能把十二个棋子堆起来，上面再加几个鸡蛋。"

晋灵公一下子来了兴趣，命人拿来棋子和鸡蛋，兴致勃勃地要看荀息怎么表演。

就见荀息先把十二个棋子堆起来，再把鸡蛋一个一个地加上去。鸡蛋咕噜乱滚，旁边的人都提心吊胆，晋灵公的嘴里也叫着："危险！危险！"

荀息说："这有什么危险的？还有比这更危险的呢。"

灵公说："好，让我见识见识更危险的吧。"

这时候荀息却不再表演他的技艺，而是端肃了神色，沉痛地说："大王，请听我说几句话吧，几句话说完，我就是死了也不后悔。您建这九层高台，一直建了三年，民夫服役不休。我们的国家已经没有男人耕地，也没有女人织布；我们的国库也已经空虚，我们的国力也已经衰弱，旁边的国家看到我们的衰弱，也做好了侵犯我国的准备。这样下去，国家迟早灭亡。大王造这高台，就如这危卵。请大王三思而后行。"

晋灵公闻言长叹："我的过失竟然严重到了这个地步！"于是就下令停止建造高台。

精要简析

臣谏君要讲究方式方法，君不见荀息谏君，还未开口，就面临着被杀的危险。幸而荀息聪明，先以技艺引起君主的兴趣，再由此引申开去，以此来形容类比如今国内的形势，方才使晋灵公恍然大悟。

焚契市义，冯谖义报孟尝君

奇智妙计

　　作为孟尝君的食客，冯谖替孟尝君拉拢民心的方法就是一把火烧掉百姓的债契，使得百姓对孟尝君感恩戴德。孟尝君将来如果有难，便会有一个安身之处。

　　田文，战国四公子之一，历史上赫赫有名的孟尝君，府上有食客三千。

　　齐国有个名叫冯谖的人，家里很穷，便去投奔孟尝君。孟尝君问："客人有什么爱好？"回答说："没有什么爱好。"又问："客人有什么才能？"回答说："没有什么才能。"即使这样，孟尝君还是笑着接受了他。

　　冯谖吃着孟尝君府里的饭菜，觉得不好吃，就靠着柱子弹击他的剑把，唱道："长铗啊，回去吧！吃饭没有鱼啊。"孟尝君听说了，就吩咐给他鱼吃。

　　过了不久，冯谖又弹击着他的剑把，唱道："长铗啊，回去吧！出门没有车啊。"冯谖听说了，就给他马车。

　　此后不久，冯谖又弹击着他的剑把，唱道："长铗啊，回去吧！（在这里）没有办法养家！"别人都讨厌死他了，孟尝君却派人给冯谖的老母亲送吃的用的，让她衣食无缺，冯谖就不再唱这种歌了。

　　后来孟尝君要派人到薛地替他收债，冯谖自告奋勇。结果他去了那里，假托孟尝君的命令，把老百姓的债契全给烧了，老百姓都欢呼万岁。

　　孟尝君气坏了，问他为什么这么干，他说："现在公子有个小小的薛地，不把那里的人民看作自己的子女，抚育爱护他们，反而趁机用商人的手段在他们身上谋取私利。我私自假托公子的命令，把债款送给了老百姓，随即烧了那些借契，老百姓高呼万岁，这就是我用来给公子买义的方式啊。"孟尝君很不高兴，不过也没赶他走。

过了一年，齐王驱逐孟尝君，孟尝君只好回到他的封地薛地，结果那里的老百姓扶老携幼迎接他，这是冯谖报答他容人的雅量，替他结的善果。

精要简析

"狡兔有三窟"，孟尝君的其中一"窟"，就是冯谖为了报答他，替他烧债券、攒民望换来的。烧债券 = 收买人心 = 安身之处，这个等式算得明明白白。

齐姜醉夫君，只为大业遣重耳

奇智妙计

丈夫一心沉浸在温柔乡中，不思进取，苦劝不听怎么办？那就只好把他灌醉，然后"挟持"他奔赴前程。齐姜就是这么干的。她灌醉丈夫是为了让丈夫努力向前，并不是什么阴谋。

晋献公宠爱妃子骊姬，想把骊姬生的小儿子奚齐立为太子，于是杀了原来的太子申生。晋献公的另外两个儿子重耳和夷吾就都逃到别的诸侯国去避难。

晋献公死后，晋国发生了内乱，后来夷吾回国夺位，也想除掉重耳，重耳不得不带着追随他的大臣一起，到处流浪，最后来到齐国，齐桓公厚礼相待，给他骏马官邸，并且把自己宗室的年轻女子嫁给他为妻，这个女子就是齐姜。

重耳出亡时就已经四十多岁，流浪十余年，到齐国时已经五十五岁。他一心只求安稳快乐，哪里还记得复国的事情呢？

这就急坏了跟随他出亡的人。

眼下晋国形势并不安定，晋惠公夷吾已死，他的儿子继位为晋怀公，残杀异己，遗弃他的妻子——秦穆公的女儿，得罪了秦国。内外交困之下，大家认为重耳归国的机会来了。

于是他们苦劝重耳返晋，结果重耳不听。

这天，齐姜备了一桌丰盛的酒宴，把重耳灌醉，然后用被子把他一裹，重耳的舅父狐偃早备好了马车，把他往马车上一装，日夜兼程，就向晋国进发。重耳清醒后，已经在一百多里地之外。

重耳出亡十九年，归国重掌国政后，派人到齐国迎齐姜归晋。

精要简析

重耳逃亡在外，颠沛流离，一旦安稳下来，很容易丧失意志。在这种情况下，齐姜劝夫，重耳自然不听。齐姜的做法也很干脆，那就是做了再说！由此把重耳从温柔乡里硬拉回来，重耳才能成就一番霸业。

烛之武说退秦师

奇智妙计

瓦解一场同盟，有时候不需要阴谋，只需要舌辩之士把利害摆在一方面前、讲清说透即可。

僖公三十年，晋文公和秦穆公联合围攻郑国，晋军驻扎在函陵，秦军驻扎在氾水的南面。

佚之狐向郑文公推荐烛之武退敌。

当天晚上，烛之武让人用绳子把他放下城墙，去见秦穆公。

烛之武说，秦、晋两国围攻郑国，郑国知道要亡。如果灭掉郑国对秦国有好处的话，我是不会来见你的。

但是，郑国离秦国如此遥远，又隔着别的国家，就算我郑国亡了，又怎么能成为秦国的边邑呢？既然不能成为秦国的边邑，那你岂不是花费着自己国家的钱粮，动用自己国家的军队，给别的国家增加土地吗？别的国家土地增加，实力增加，那不就意味着秦国的势力减弱吗？

再者说了，你是和晋国联合攻郑，看起来和晋国交情很好的样子，但是你想想看，你曾经是给过晋惠公恩惠的，晋惠公也答应过许给你两座城池，结果晋惠公早晨渡过黄河回国，晚上就开始筑城防御了。晋国哪里是诚信守诺、易于满足的呢？

拿现在来说，它现在在东边已经使郑国成为它的边境了，又想要向西扩大边界，向西可就是秦国了。一旦秦国势力削弱，想要让晋国不对秦国下手，可能吗？

这一番话，说得秦穆公茅塞顿开，于是他就与郑国订盟，然后回国。

晋国一看失去了同盟，也带军队离开了郑国。

精要简析

烛之武之所以能够说退秦师，是因为他抓住了两个要点：一是秦国伐郑无益，二是秦国与晋国结盟有害。由此使秦晋伐郑计划瓦解。

秦《属邦律》的明智之举

奇智妙计

　　秦一统全国，面临着民族融合问题。秦的做法就是采取有利措施，光明正大地同化边人。

　　秦在中央设置"典客""典属邦"的职官和机构来治理少数民族，又在边疆少数民族聚居的地方设立"道"。

　　其实所谓的道，就是秦国的"少数民族自治区"，相对于秦人来说，赋税、徭役均有一定的减免。

　　秦的《属邦律》的律文上有这么一段法律问答："真臣邦君长有罪，应判处耐刑者，可使以钱赎罪。"

　　而所谓的"真"，指的是臣属于秦的臣邦蛮夷父母生子。也就是说，父亲和母亲均为少数民族，那么生的孩子称为"真"，同样是少数民族户口。

　　与"真"相对的，是"夏子"。秦对此的规定是：无论父亲还是母亲，只要有一方是秦人，那么所生孩子就是夏子，也就是秦人户口。

　　而秦国不但往边地移民，而且还鼓励当地的边人领袖迎娶秦女，同时也鼓励秦人的戍卒流放者也迎娶边女。这样一来，所生后代无不为秦人。

　　于是真正的边人越来越少，而秦人越来越多。

　　就这样，一方面秦对于边远诸部少数民族赋税政策予以减免，通过怀柔政策笼络少数民族，另一方面又润物细无声地稀释少数民族占比，使之一步步同化为秦人。这比起劳师动众，花费无算，强横打压乃至激起边远诸部的反抗之心来，所付出的代价极少而所获极多，可谓明智之举。

精要简析

对于边远诸部，秦没有采取同治理秦人一样的一刀切的法律形式，而是采取颇具弹性的政策以维持当地稳定；同时，鼓励秦人与少数民族通婚，使秦人如春风化雨一般，同化边人，避免了战争流血。

绝缨不查，心怀感恩报楚王

奇智妙计

被人趁黑调戏自己的宠姬，应该怎么办？抓住杀之当然是最简便的方法，但是未免粗暴。决定不去追查此事，给那犯了错的人一个活命的机会，那被饶赦的人怎能不被感动呢？

公元前606年，楚庄王在郢都举办宴席，席间有庄王最宠爱的美人许姬献舞。

其时，一阵风把大厅里的灯火全部吹灭，黑暗之中，有人拉住许姬的衣袖，还去捏她的手。她挣扎的时候把那人帽子上的缨子揪了下来，然后给楚庄王告状，请庄王点亮灯火，看清楚是哪个如此大胆。

楚庄王却没有听她的话，而是下令让所有宴会中的文武官员都把帽缨取下来，放到一边，再让侍者点起灯火。

散席后，许姬问庄王为什么不找出这个无礼的家伙。庄王说，大家酒醉忘形，本来没什么。我若查那个人，自是容易，但是也会被人说器量狭小，以后谁还会为我效命呢？

后来，楚国与郑国交战，前部主帅的副将唐狡率百余人充当先锋，拼死力战。

庄王要厚赏唐狡，唐狡说："我就是那个在宴会上被揪了帽缨的人，蒙大王昔日不杀之恩，如今末将舍命相报。"

精要简析

常言道："做人留一线，日后好相见。"对于一个国家的君主来说，这就不仅是"日后好相见"的事情了，而是有意施恩，无意救命。可以说是一种很高明的驭下之道。

巧妙劝谏，优孟哭马醒楚王

奇智妙计

怎么劝谏一个玩物丧志又不听劝的君主？那当然是顺着他呀。顺着他的逻辑一路延伸，一直抵达一个荒谬的结局。

楚庄王养了很多好马，有一匹是他最心爱的，于是他给这匹马穿上彩缎锦衣，把它养在富丽堂皇的屋子里。这匹马睡的是有帷幕和绸被的床，吃的是切好的枣干。

就这样，这匹马越养越胖，没多久就被养死了。

楚庄王命人找天下最好的棺材来装他的爱马，还要用大夫的礼仪来埋葬它。

大臣们想要劝谏，可是伤心的楚庄王威胁说谁要是再劝，就杀了谁。于是谁也不敢言声了。

这时候，楚国一名叫优孟的优伶失声痛哭。

楚庄王很奇怪，问他为什么哭得这么伤心，结果他一问，优孟哭得更伤心了："我哭马呀！我哭马呀！我哭这匹马享受的待遇太低了！这是大王最心爱的马，难道不应该用君王的礼仪来埋葬它吗？"

庄王疑惑地问："用君王的礼仪，那应该怎样做呢？"

优孟答："臣请求大王，给它用雕刻花纹的美玉做棺，外面再套上文梓木做成的椁。要派士兵们挖大坑，叫百姓们多运土，供给它的祭品也要用最上等的东西。还要请各国的使者都来吊唁。诸侯听到这件事，就都知道大王轻视人而看重马了！"

楚庄王听到最后终于醒悟过来，叹了口气说："我真是错得离谱。依你之见，当如何处置？"

优孟说："那就请大王把这匹马当作六畜来埋葬吧：在地上挖个土灶，来作为它的椁，用铜铸的大鼎作为它的棺，用姜、枣、粳米为祭品，用大火把它煮得熟烂，最后埋葬在人们的肚皮里。"

于是楚庄王就叫厨师把马肉煮得喷香软烂，分给大家吃。

精要简析

优孟并没有横眉立目，直谏君王，而是因势利导，劝说楚庄王，使其醒悟过来，改变主张。

晏婴谏景公罢宴

奇智妙计

先夸，后谏，前者降低受谏者的警惕心，后者才能够顺利实施。晏婴把握住了这个先后次序，没有硬顶着来、硬对着干，所以才收到良好效果。

　　齐景公沉迷酒色，天天喝得东倒西歪，谁劝也不听。大夫弦章甚至因此触怒了齐景公，景公沉着脸，狠狠地盯着劝自己不要喝酒的弦章，琢磨着怎么惩治他。

　　这时候，晏子进宫，一见君臣相对，景公满身酒气，满面怒容，弦章梗着脖子，一副死不服气的架势，就知道是怎么回事。晏子哈哈笑了起来，对着弦章连称恭喜。

　　这下子景公和弦章都糊涂了，问他喜从何来，晏子说："弦章大夫呀，你真是一个幸运的人，幸而咱们的国君贤明，能够倾听臣子的意见。要是你遇上夏桀和殷纣那种昏君，恐怕早死八百回了。难道这不是一件值得恭喜的大喜事吗？"

　　弦章听了倒没怎么样，景公听了却坐不住了——本来这话就是说给他听的。他只好打消了惩治弦章的念头，答应从此戒酒。

　　原来晏子也为此事而来，他先用"甜话"顺了国君的逆毛，然后又阐述了自己的想法：

　　"古人之所以讲究酒不过五巡，就是因为贪杯误事。如今国君饮酒毫无节制，一口气竟能喝上七天七夜，大臣们也跟着国君狂喝滥饮，无心政事。这样一来，齐国何时才能强盛？"

　　晏子一番话，听得景公悚然而惊，于是他撤掉宴席，散去众人，向弦章道歉，从此不再滥酒，而是勤勉政事，带领国家勤勉向上。

精要简析

　　晏子是一个很会说话的人，面对情绪已经失控的主公，当务之急，当然是要把他的脾气给捋顺了，于是就先赞美了一番齐景公的宽宏大量，在把他的脾气捋顺之后，方才有理有据地进谏，从而使齐景公幡然醒悟。

晏子谏景公不杀

晏子想让齐景公当一个圣主明君，而齐景公却要做出残暴之举。在这种情况下，晏子抓住齐景公自己也想当圣主明君的心理，以"顺"的方式引导他，使他主动认识到自己的错误。

齐景公在位时，有一个人犯了众怒，齐景公命人把他肢解，说："有敢替他求情的人，杀。"

晏子就左手拎着犯人的头，右手拿着刀，仰头问齐景公："自古以来的圣主明君，肢解人从哪儿开始？"齐景公立刻说："放了他吧，是寡人错了。"

精要简析

晏子的这个举动，其含义有二：第一，身为主君，就要当圣主明君；第二，要想当圣主明君，就要戒残暴。

为防中伤讲故事，甘茂订盟秦武王

奇智妙计

为了避免被人中伤，甘茂事先以讲故事的方式给秦武王打了预防针。这个预防针打得光明正大，可以随时警醒秦武王，免得他被人进谗言，做出糊涂事。

公元前 307 年，秦武王派大将军甘茂率大军出发攻占韩国的宜阳城。

甘茂说："臣有后顾之忧。请允许我给大王先讲个故事。"

甘茂讲的故事是这样的：

孔子有个弟子叫曾参，有德有才，在当地很有贤名。

有一个和他同名的人杀了人，于是就有人说是孔子的弟子曾参杀人了。当第一个人跑去告诉曾参母亲的时候，曾母不信，照常织布；当第二个人告诉她的时候，她还是摇头，只不过态度没有之前那么笃定了。当第三个人跑来告诉她曾参杀了人，曾母布也不织了，翻墙而逃。

甘茂说："宜阳是个大城，易守难攻。攻打会花费很长时间，这中间肯定会有人在大王面前说三道四，挑拨离间，所以还请大王与我签订盟约，绝不会听信谗言撤兵。"

秦武王于是与之订盟，未攻下宜阳前绝不退兵。签订盟约的地方叫息壤，这次的盟约就叫"息壤之盟"。

随后甘茂率军出征，果然久攻不下，损兵折将，只能与韩兵艰苦相持。

而秦武王身边真的有人开始风言风语，甚至诬陷甘茂。

秦武王果然起了疑心，于是派使者令甘茂退兵。甘茂说：大王忘了

"息壤之盟"吗？

秦武王听到使者汇报，一下子惊醒过来，又派出援军，与甘茂的大军会合，一举攻下宜阳城。

精要简析

甘茂深悉人性。这个故事既告诉我们，做事不仅要料人先机，还要坚持到底，又告诉我们，不要轻易受身边言论的干扰。

王贲水淹魏都大梁城

奇智妙计

王贲以水淹的方式来攻打大梁，是摆在明面上的计策，就是要以势压人，夺取胜利。

公元前225年，秦王嬴政派王贲攻打魏国的都城大梁，大梁城墙厚重，若是秦军强攻而魏人死守，秦军必定死伤惨重。

因为那个年代的城墙是由夯土筑成，虽极为厚实，但是惧水。而这大梁城的地势低洼，北面不远处就是滔滔大河，大河的地势竟高出地面数尺，若非荥阳土垣封堵，洪水早就开始泛滥了。

所以王贲命人掘开荥口，放河水冲入鸿沟，然后又修起石头堤坝，开凿长渠，将汹涌的洪水一路导引，流向大梁城。

于是魏都大梁这座大城被浑浊的洪水浸泡累月，城内居民只得悬釜为炊，富裕人家烧家里的木料家具为柴，这些烧完，就烧昂贵的漆器和华丽的丝帛，甚至于所有能烧的东西都用来生火，直到烧无可烧，只好像穷困人家一样，嚼生米度日。

又因大水围城，疫病高发，死伤无数。

最后城墙终于禁不住浸泡，一段段垮塌，大水灌城，洪水滔天而来，屋舍、人群尽没水中。

于是大梁城破，魏王投降。魏亡。

精要简析

面对高墙深垒的一国都城，冷兵器时代土夯的厚厚的城墙即使是投石车都收益甚微，反而是水攻更见成效。而且耗费的只是夫役劳力，而不是兵力和士兵性命。这样的作战方法，可以说就一个字：稳。

李牧骄敌破匈奴

奇智妙计

敌强我弱的情况下，为了打败对方，李牧实行了骄敌之计，然后攻其不备，狠下死手，打得匈奴十年不敢南下牧马。

战国时期，赵将李牧长期驻守北疆的代郡和雁门，以抵御逐渐强大的匈奴。

李牧除了每日督促士兵勤加操练骑射，以及在边疆建了烽火台并派出大量斥候外，并不允许士卒与匈奴骑兵交战，甚至下令："匈奴骑兵来时，要迅速进堡自守，有敢去捉匈奴骑兵者斩首。"

这样一来，就形成一个完整的流动系统：斥候报知匈奴骑兵进犯，烽火台举火报警，士兵坚壁清野，进堡不出。

时间长了，匈奴就越发不把李牧放在眼里。

不但匈奴轻视李牧，就连赵王也觉得李牧胆怯畏战，将他撤职，另派激进派将领守边。结果匈奴每次来犯，赵将就率军出战，却因为敌我力量悬殊，屡吃败仗，损失惨重。

于是赵王又下令李牧官复原职，重新守边。李牧上奏赵王，请求行使自己的既定方针，赵王应允。

李牧就任后，一切依照原样，匈奴对李牧越发没了戒心。

一日，李牧令百姓出城放牧，遍野牛羊，吸引匈奴骑兵来犯。匈奴骑兵来犯时，他又佯败而回。匈奴单于一听李牧如此胆怯，便率大军南侵，长驱直入。

到了此时，李牧方才调派精兵强将，将匈奴大军包抄合围，一战而歼敌十万。匈奴单于引兵远遁，十余年不敢犯边。

精要简析

示弱并不丢人，只要不是真的弱，尽可以把"弱小、无助、可怜"摆在台面上，谁误解，谁得意，谁就输。

身为商人眼光远，"奇货可居"吕不韦

奇智妙计

我觉得你有价值，所以我就拼命地照顾你，为你着想，替你打算，目的是使你以后能够知恩图报，给我更大、更好的回馈。吕不韦的算盘打得啪啪响，响在明处，却让人心甘情愿地接受。

公元前 259 年正月，嬴政出生在赵国的邯郸。

他的父亲是秦国的王孙，名叫异人。因为不受宠，所以被父亲秦孝文王安国君送往赵国做质子。

异人被困赵国都城，一旦两国开战，赵国人随时会把他捆到阵前威胁秦人，一旦战败，又随时可能杀了他给战场上的赵人赔命。

秦异人每天都活得战战兢兢。这个时候，一个卫国的商人吕不韦求见。秦异人很奇怪：还有人来求见我吗？

他没想到，吕不韦这个人在商言商，是用看商货的眼光来看自己的。吕不韦觉得秦异人不是没才干，只是没机会，一旦有机会，一定能成大事。这是典型的"奇货可居"呀！所以，值得投资。

于是吕不韦先来到秦国活动，花了一大笔钱，想办法求见到了秦国安国君的宠妃华阳夫人，劝说没有亲生子嗣的她认异人为子，以后可以母子共同扶持。华阳夫人被说动心了，向安国君说明自己的想法后，安国君满足了她的心愿，华阳夫人认异人为子，异人改名子楚。

吕不韦甚至把自己的宠姬赵姬给了子楚为妾室，赵姬即嬴政的母亲。

看起来，吕不韦好像在做赔本买卖，但是，他送人送钱，替子楚在秦、赵两国之间奔走，所图之大，可不仅是大富大贵。

公元前257年，秦、赵两国开战，秦国大军眼看就要攻破赵国都城。吕不韦贿赂守门小吏六百斤金子，使子楚得以逃脱牢笼，返回故土，并做了秦国太子。后来，赵国将赵姬和嬴政送回秦国，以示修好。

秦孝文王在位一年多就死了。子楚即位做了国君，史称秦庄襄王，商人吕不韦被任命为丞相，封为文信侯。一介商贾，封侯拜相，实现了阶层大跃迁。

此后嬴政成为秦王，赵姬成为太后，吕不韦作为嬴政的仲父，大权在握。吕不韦这个天底下最大的赌徒，赌赢了。

精要简析

吕不韦能够投资一个看起来有今天没明天的秦国质子，为他奔走，助他脱逃，所图甚大，却真的图谋成功了。其眼光之长远，令人咋舌。

"一字不易"《吕氏春秋》

奇智妙计

常言文无第一，武无第二，这一字不易之说其实是不大能站得住脚的，却被吕不韦做成了，因为他借了他的身份之势，借了周围人心之势。明明白白地以势压人，却又让人说不出什么来。

吕不韦为相，虽然权钱二字尽皆沾染，却酷爱读书。

正因为他爱读书，所以他的门客三千，却少勇夫猛士，而是尽情招揽天下文士。

他想通过文人墨客著书立说，流芳后世。所以，他的那群文人门客在他的号令下，拼命写文章。

吕不韦则把门人写的文章搜罗起来，加以整理，劣者去之，优者选之，繁者简之，缺者补之，然后把精华综合修订成书。

这本书的名字就叫《吕氏春秋》。

吕不韦是个商人。商人最会宣传、造势、打招牌。

他让人把全书誊抄得整整齐齐，然后悬挂在咸阳城门，声称谁能改动一字，可得千金。一时之间，人潮涌动，群贤毕至，少长咸集。读书人都想去看看这是一本什么书。于是，不光秦国人知道了这件奇事，就连诸侯国的那些游士和宾客也都听说了这本书的大名。

但是，没有一个人真的去改动《吕氏春秋》里的一个字。

《吕氏春秋》就这样一炮而红。

吕不韦是算尽人心的典范，是精于营销的典范。在秦王子楚那里，他推销出了自己；在世人面前，他推销出了巨著《吕氏春秋》。

蔺相如完璧归赵，强秦面前守国威

奇智妙计

蔺相如通过完璧归赵这个举动，就是在明白告诉秦国：我们不信任你，所以不能把璧给你。你要想取得我们的信任，那就先给我们土地。让秦王无话可说。

秦国和赵国之间，多年不起兵戈，直到世上出现了价值连城的和氏璧。

和氏璧在赵惠文王之手。秦王嬴稷寄书给赵王，想以秦国十五座城池换这块璧——此时的秦王坐拥强国，财大气粗，指望赵王看了这封书信后会主动把璧送给秦王，而不会索要秦国的城池。

谁想到赵惠文王也舍不得。在朝堂上商量来商量去：白给吧，是自家的宝贝；不白给吧，又怕东西送出去，却得不来秦国的城池。赵国大臣蔺相如说，我去吧，到了那里，再见机行事。

结果蔺相如到了秦王面前，献上和氏璧，却发现秦王根本没有拿十五座城池来换的意思，于是他就假称璧上有瑕，要指给秦王看，又从秦王手里把和氏璧诓了回来，然后倚柱而言，怒发冲冠地说：我看大王也没有用城池换和氏璧的意思，所以我才把璧拿了回来。如果大王要强夺的话，我就把这块璧连同我的脑袋一起在柱子上碰个粉碎。

秦王赶紧阻止，于是蔺相如就和秦王约定，要另选吉日，举行城池换璧的盛大仪式。

朝议散后，蔺相如一回馆舍，二话不说，先派人悄悄带着璧返回赵国，自己则留了下来，到了吉日，在秦国朝堂上，他大模大样地说："我已经派人把和氏璧送回了赵国。如果大王真的有诚意，先把十五座城池给我们，秦国强盛，我们赵国一定不敢食言，不肯送大王和氏璧。"

秦王气得够呛，当下就要动兵伐赵，却被劝止，因为蔺相如把和氏璧还回去的同时，必定已经知会了赵王，教赵王做好迎击秦军的准备。此时动兵，只怕被对方以逸待劳。还不如把蔺相如放回去，这样两国也不会失了和气。

就这样，蔺相如既保住了和氏璧，又保全了赵国的尊严。

精要简析

蔺相如的完璧归赵，可以拆解为两步：一步是捧璧威胁秦王；一步是偷偷派人送回和氏璧。赵国对此的应对也分为两步：一步是派蔺相如出使；一步是边境上严阵以待。两相配合，完美无缺。

唇枪舌剑渑池会，将相联合慑强秦

奇智妙计

秦王与赵王，一方势强，一方势弱，但是在外交交锋中，赵王却因为蔺相如的原因，一城不失，一着不弱。这就是在硬扛、打明牌。而这种外交上的不落下风，也是因为边境上有精兵强将撑腰。内外皆打明牌，秦国也不敢轻举妄动。

公元前 282 年，秦国发兵进攻赵国，此后秦军势如破竹，赵国节节败退。

公元前 279 年，秦王与赵王约定于西河外的渑池相会。赵王不敢去，上卿廉颇和上大夫蔺相如力主赴会，不去即是露怯，露怯必招灾。你越怕他，他越打你。

于是蔺相如陪同赵王前去赴会，廉颇陈兵边境，以防不测。廉颇与赵王约定，若三十天后赵王不回，廉颇就拥立太子为王。

渑池上，秦王处处都压赵王一头。他请赵王弹琴，赵王不敢不弹，于是秦国御史就上前记录："某年某月某日，秦王与赵王饮酒，令赵王弹琴。"

蔺相如见状，马上请秦王击缶，秦王不肯，蔺相如就跪前三请，秦王坚决不肯，蔺相如就威胁他：再不击缶，我不惜一死，以命相拼。秦王的侍从上前要杀蔺相如，但蔺相如离秦王过近，侍从怕蔺相如伤害秦王，来不及救援，故而未对蔺相如动手。秦王无奈，只好敷衍了事地击了一下缶，蔺相如马上就召来赵国御史记曰："某年某月某日，秦王为赵王击缶。"

秦国的群臣又提出请赵国献十五城为秦王祝寿，蔺相如针锋相对，提出请秦国献上国都咸阳为赵王祝寿。

直至宴会结束，秦国始终没能占得赵国上风。廉颇又在边境戒备森严，秦王不敢轻举妄动，只好罢手，各回各家。

秦国见赵国难以图谋，只好暂时打消了灭赵之心。

精要简析

蔺相如外交上不弱强秦，廉颇军事上震慑强秦。二人联手，摁下强秦吞赵的野心，这份胆魄和智谋，令人赞叹。

范雎粉碎魏冉秘计，献计秦王远交近攻

> 远交近攻是战略方针，这种方针并没有放在暗处，就是明明白白地列出来，以极其明显的利弊相对比，使得秦王弃魏冉的战略而取范雎的战略。

公元前 270 年，秦国的穰侯魏冉因为备受秦国太后宠信，要举兵跨韩、魏而攻齐，夺取刚、寿二地，以求扩大自己的封邑。

这件事引来了一个人，这个人叫范雎。他是魏国人，因为家贫，只能屈身事奉昏聩狭隘的小人——魏国中大夫须贾。

须贾出使齐国时，范雎是随从，因为表现出众得到齐襄王赏识，结果回到魏国后，须贾就诬陷范雎里通外国，范雎被打得遍体鳞伤，为了活命，屏息僵卧乍死，被弃于茅厕之内。

看守茅厕的人将范雎救了出来。范雎化名张禄，到了秦国，想见秦王而不得，在下等客舍中等了两年。

现在魏冉要兴兵跨韩、魏而攻齐，夺取刚、寿二地以扩大封邑，于是范雎就向秦昭王写信，在信中表述了自己的才能。

这封自荐信打动了秦王，秦王便在郊外的离宫私见范雎。

范雎对秦王说：

"我听说穰侯魏冉想要率兵越过韩国和魏国去攻打齐国，这个不是好计。出兵少则不能重创齐国，出兵多又对秦国兵力造成太大的消耗。大王不如结交远处的国家，攻打近处的国家，哪怕得了寸土，也是秦国的土地。如今大王却结交近处的国家，攻打远处的国家，实在是大错特错了！"

秦王听得连连点头。

这就是有名的"远交近攻"策略，为秦统一六国奏响了全面进军的胜利号角。

精要简析

结交离得远的国家而进攻邻近的国家，这是秦国用以吞并六国的外交策略。说白了，就是大棒和橄榄枝相互配合运用，打近拉远。

秦王赦郑国，郑国渠大利秦

奇智妙计

韩人郑国替秦修造郑国渠，起初是一起疲秦的阴谋，在被发觉之后，一番陈词，秦王命他继续修造，这件事就转化为一出强秦的阳谋。秦王在这件事情上的魄力值得称道。

公元前 246 年，韩人郑国受韩王之命，入秦游说秦王，建议引泾水东注北洛水为渠，因为沟渠需要花费无数钱帛人手，可以使秦国国力疲敝，就腾不出力量来讨伐韩国。

秦王一开始并不知道这是韩国的疲秦之计，所以听了郑国的建议后，不但马上同意，并且待之以上宾之礼。

郑国开始主持秦国的水利建设工作，后来他的疲秦使命暴露，秦王欲杀之，郑国坦诚地说：

"刚开始我确实做的是间谍的工作，但是我主抓的这个大型水利工程完成之后，是对秦国大有好处的。这条长渠修好之后，虽然暂时会使秦国国力疲敝，但也不过是为韩国多延续数载的寿命，却可以大幅度提高秦国的粮食产量，秦国国力肯定会飞速增长，超越别的国家，这是为秦国建万世之功啊。"

秦王因此赦免了他，命他继续主持郑国渠的建造。秦王的远见和魄力，使得韩国的阴谋成为自己的阳谋。

精要简析

郑国作为韩国间谍来秦国建造郑国渠，以行使疲秦之计，在这件事情上，值得称道的是秦王的眼光和魄力。他能够在韩国的阴谋暴露后，听取郑国的意见和建议，足见其远见卓识。

商鞅出政策，秦人挣军功

奇智妙计

商鞅出的政策，归根结底两个字：刺激。刺激百姓去提升自己的地位，刺激士兵去挣军功，刺激整个社会进行阶层流动，由此使秦国迅速强大起来。

秦国原本的统治方式是靠宗族血缘分封制度来实现，秦王统有全国，而同宗同族、血缘相同或者相近的人分封到全国各地，由他们来对自己的封地进行统治和管理。

那么，一个人血缘高贵，有了封地，等于他的子子孙孙都有了封地。一个人能力出众，挣了功勋，有了爵位禄米，那就等于子子孙孙都有了爵位禄米。

有了官位的家族，可以世代为官；没有官位的家族，世代都没有当官的权力和可能。人才抵不过血缘，能力抵不过投胎。这样的政权怎么能有活力呢？

所以，商鞅就开始变法，砸碎了这种制度，把小的乡、邑合并成县，每个县设置县令和县丞。县令和县丞的任免权在国君手里。这样一来，整个国家的权力都集中到了国君手里。

这是后来秦始皇实行的郡县制的雏形，也是中国中央集权制的雏形。这样就打破了大家族权力、财富垄断的壁垒。

不过，老问题解决的同时，新问题又出现了。全国需要那么多的官员去管理，官员从哪里来？民间的人才怎样才能够冒出头来，让人认识到他是个值得重用的人才？

当时群雄争霸，诸国乱战。所以，商鞅就祭出了一个至关重要的法宝——军功。

他说："有军功者，各以率受上爵。"——你要立了军功，才能享受爵禄。

怎么立军功？在战场上杀敌啊！

就是根据你在战场上砍下的敌人首级数量来评升爵位。当时秦国爵位分二十级。这一政策的出台，大大激发了秦国将士的战斗力。

这么一来，拥护商鞅变法的人就多了，那些不再能享受祖荫和继承爵位的宗室贵戚再怎么表示反对，也无法阻挡改革的车轮。

大家有志一同：当兵杀敌挣军功。

所以，秦国武力值噌噌拉满，才能够在群雄争霸中独占鳌头。

精要简析

商鞅变法的高明之处就在于打破了阶级垄断，在整个社会挖通了一条人才流动、爵位升降的通道。形成了人人奋勇争先的氛围，秦国也因此强盛起来。

商鞅树靶子，"刑其傅，黥其师"

奇智妙计

> 为自己的施政方针找一个最显眼的目标，在这个目标身上实行自己推行的政策，使天下人都能看到，于是推行起来就容易多了。这就是商鞅的办法。

商鞅变法的刀太快，削得贵族太狠，很招上层阶级的恨。秦孝公的儿子即秦国太子也是恨他的人之一，而且是不怕他和不在乎他的一个。于是太子就犯法了。

——他总不能把太子干掉，太子是下一任的国君呢。

怎么办？

商鞅想，我治不了太子，连太子身边的人也治不了吗？

太子犯罪，难道不是太子身边的人失职吗？

尤其是太子的老师，太子犯罪，你这个老师是怎么当的？

所以，"刑其傅，黥其师。"对太子太傅公子虔处以刑罚，对太子太师公孙贾处以"黥"刑——"黥"就是在脸上或者脑门上刻上字，然后涂上墨炭，一出门大家都知道这是一个犯过罪的人。洗都洗不掉，一辈子的耻辱。

结果这个公子虔几年后，又触犯了商鞅新法。商鞅也没客气，这次把他的鼻子给削掉了。这就是劓刑。

公子虔受刑后，八年没出过门。

自己的两个老师，一个没了鼻子，一个脸上刻了字，这对于太子是多么响亮的耳光；对于秦国的举国上下，又是多么严厉的震慑。

别人还怎么敢把新法不当回事呢？

所以，新法就这么雷厉风行、不打折扣地施行下去了。秦国各方面实力迅速增强，很快成为七国翘楚。

精要简析

杀鸡儆猴永远是最有效的手段。对于阻碍变法的人，商鞅是不讲情面的，而且不讲情面得光明正大，谁也说不出什么来。

商鞅变法，徙木立信

奇智妙计

通过移柱得金这么一个简单的法子，商鞅在众目睽睽之下，表达了官府是守信用的这一主题，并且得到了爆炸式的传播效应，使得政府公信力迅速提高，新政也得以迅速施行。

《商君书》中记载，商鞅准备在秦国变法，制定了新的法律。为了使百姓相信新法是能够坚决执行的，他便命人在京城南门竖了一根大木头，对围观者说："谁要能将这根木头从南门搬到北门，就赏他五十金！"大多数人不相信有这等好事，怀疑商鞅的许诺能否兑现。

就在大家犹豫不决时，有一个人扛起木头，从南门一直走到北门。商鞅当场赏给他五十金。

人们一传十，十传百，都知道官府是讲信用的，是说话算话的。

于是，商鞅变法的必要前提条件：先要取信于民就达到了。

王安石还专门为此写过一首名为《商鞅》的诗：

"自古驱民在信诚，一言为重百金轻。

今人未可非商鞅，商鞅能令政必行。"

精要简析

以一言为重，以赏金为轻，商鞅在百姓心中成功树立起秦国朝廷讲信用的好形象。

唐雎不辱使命

奇智妙计

唐雎之所以能够不辱使命，无非是以老迈之身，展现出了极大的勇气。他不惧生死，使得秦王心生敬意，愿意成全他的这一份可嘉的忠勇。哪里有什么阴谋，无非三个字：不怕死。

秦王嬴政二十二年（公元前224年），大将王贲率军北上，征伐魏国。王贲水淹魏都，魏王开城投降。魏国国祚179年，至此灭亡。

魏国有一个附属国，叫安陵国，方圆五十里，乃弹丸之地。国君安陵君原是魏襄王的弟弟。

嬴政派使者去跟安陵君说："我给你五百里土地，换你的安陵国，怎么样？"

安陵君话说得很软和："大王用五百里换我的封地，以大换小，那敢情好，我沾光了。不过，这块封地是我从先王那里接受的，我怎么敢换呢。"

嬴政的特使一听就恼了，安陵君又惹不起秦国，只好派一个使者出使秦国，当面向秦王致歉。

这个人就是唐雎。

嬴政一见唐雎就说："我用五百里的土地交换安陵这么一个小国，安陵君竟然不换，是不是瞧不起我？"

唐雎说："不，不，不是大王说的那样，安陵君怎么敢瞧不起大王呢？只不过安陵君从先祖手里继承封地，发誓要保卫它，所以就算大王给安陵君千里土地，我们也不敢交换，更不用说才五百里了。"

嬴政勃然大怒："你知道什么叫天子之怒吗？"

唐雎摇摇头："不知道。"

嬴政阴沉着脸，眼睛里闪过冲锋厮杀、鲜血战火："天子之怒，伏尸百万，流血千里。你们可别逼我。"

唐雎笑了："那大王听说过平民之怒吗？"

嬴政语气不屑："平民之怒，也不过是把帽子扔一边去，光着头、光着脚，砰砰地拿脑袋撞地，有什么了不起的？"

唐雎坐直身体，端正神色，声音中正平和："大王说的这种是平庸无能的人发怒，不是有胆识的人发怒。从前专诸刺杀吴王僚，彗星的尾巴扫过月亮；聂政刺杀韩傀，一道白光直冲太阳；要离刺杀庆忌，苍鹰扑到宫殿上。他们虽然都是平民，但是因为胆识过人，上天都不会轻视他们。如今，刺王杀驾的人可就要再添一个人了，那个人就是我。"

唐雎继续说道："我说的平民之怒，就是两具尸体，血流五步，天下百姓都要身穿孝服。"他一边说，一边拔剑而起。

秦王嬴政肃然起敬。

他为眼前唐雎的英雄气概折服了，愿意给唐雎这份尊重。

凭着唐雎的智慧和勇气，这五十里的弹丸小国在大秦征伐的铁蹄下算是暂时得以保全。

精要简析

秦王对安陵君的一番"换地"说辞不过是一场骗局，对方只是想不战而屈人之兵而已。唐雎面对骄横霸道的强国之君，就是打着鱼死网破的主意，能够豁得出去，本身就很高明。

白起火烤城门

奇智妙计

　　秦军在外，韩军在内，明知道烈焰熊熊，烤着自己的城门，眼看覆灭在即，但韩军就是没有办法阻止。白起独出机杼，打得韩军徒呼奈何。

　　公元前295年，秦国八万大军叩韩关，白起在向寿的帐下担任左庶长，向寿带兵攻打韩国的新城。

　　新城城门坚固，久攻不下。白起献了一计，让秦军搬柴运木，来来往往。

　　天黑之后，白起一声令下，全军拔营攻城。全军统帅向寿据高擂鼓，鼓声咚咚，激励人心。秦军呐喊声排山倒海，一队队的士兵顶着密密麻麻的箭雨把木柴背到城门口，层层堆叠，泼上松油，掷去火把，顿时火光熊熊，如同妖魔乱舞。

　　厚重的城门外层的铁皮被烧软，内层的木头烤得松脆，秦军扛着巨木呐喊向前，三撞两撞之下，城门轰隆一声被撞开。

　　白起一见城门开启，大吼一声："杀！"

　　众兵士见左庶长身先士卒，抄起长枪，高大的身躯一跃向前，大受鼓舞，也呐喊着潮水般一路席卷，一时间金铁交鸣，血雨腥风。秦军腰间悬挂敌军头颅，火光摇摆翻卷，如同鬼魅，令人望之生寒，更哪堪与之对战。

　　白起率一小队人马呈楔状直插敌军中军，韩军阻挡不及，人仰马翻，秦军一夜之间将守新城的韩军尽数杀尽。向寿看得目瞪口呆。

白起这一出"火烤城门"，端的是于平常处见实效，大火一烤，顺势破城。

精要简析

白起用"火烤城门"的方法，拿下了久攻不下的新城，获得了事半功倍的效果。在那样奋力攻城的氛围下，白起能够想到"火烤城门"这个计策，可见他有着冷静的头脑。

王翦求田自保，秦王托付大军

奇智妙计

在手握重兵的情况下，想要向君王证明自己没有异心，那就是理直气壮地向君王要好处：求财，求田。越是这样，越显得自己没有雄心壮志，从而打消君王对他的疑虑。

公元前 225 年，秦国的少年将军李信率军二十万，大举伐楚，却遭大败。秦王无奈，起用老将王翦，给他雄兵六十万，命他出征。

倾举国兵力，交托一人之手，秦王嬴政的魄力可见一斑。

老将出征，战旗如林，兵甲如云，秦王嬴政亲自送行。

在这样庄严郑重的场合里，王翦正经不过两秒，就开始在马上嬉皮笑脸地提条件：

"大王，我老了，这一战打完，我是要卸甲归田的。多给我点土地呗？我要好的，肥沃得流油的。"

"行行行，给你给你。"

"那个，大王，你看我这宅子，又破又旧。你让人给我盖几栋好宅子呗。"

"好好好，给你盖。"

"还有还有，大王，你看我们家可穷可穷了。你能多赏我点金银不？"

"好好好，你要多少给你多少，这样行了吧？"

"嘿嘿，差不多了，等我想起啥来再跟大王说，多谢大王。"

王翦的部下都急了，偷着拽他："将军你可别再提条件了，把大王惹毛了，咱们不等出关就掉脑袋了。"

……

目送大军行远，嬴政笑骂一句："贪心不足的老东西。"

而在他目力不及的地方，王翦骑在马上，得意扬扬地说：

"你们错了。我提条件，大王才不会生气；我要是不提条件，大王心里才会害怕哩。他一害怕，咱们就危险了。他把秦国的全部兵马都给了我，心里捏着一把冷汗，生怕我造反。我提的条件越多，也越觉得我贪财，越对我放心，知道我有钱就行，不会拥兵自立。"

事实确实如此，嬴政晚上真的睡踏实了。

这就是王翦的智计和自保的法子：不惜自污以消除君王的疑心。

精要简析

在君主手下做事，既要展示自己的能力，又要表明自己没有野心，否则一定会遭到猜忌，甚至为自己的家族引来灭顶之灾。王翦对此很清楚，所以他不惜表现得如此不堪，以此来打消君主的疑心。

破敌国如小儿拔牙

奇智妙计

王翦作战求稳，稳到了"孵蛋抱窝"的程度，说什么也不打。他先按兵不动，待楚军松懈时，再率军出击，大破楚军。

公元前 225 年，秦将王翦领兵伐楚，大军直抵楚境，然后，就安分下来，孵蛋抱窝了。

整整一年，窝在那里，六十万大军闲得受不了，每天比赛投石头。

他们不动，楚将项燕也不敢动：他率领楚军四十万，对上秦军六十万，不敢强攻啊。再说了，王翦威名在外，未尝一败，他觉得自己没有胜算。

一年后，楚军也觉得这样面对面耗着又不打实在没意思，觉得秦军估计就一辈子待在这里生根发芽了，于是撤军东归。

就是现在！

王翦一声令下："出击！"率军出击，千军万马，掠地飞卷："杀——"

楚军手忙脚乱，应付不迭，兵败如山倒。

秦国和楚国的这场仗，是战国时期最后一场大战，参战人数上百万，一路烽火狼烟，楚国一片混乱。最终结果是寿春城破，楚王被俘，熊启拥兵自立，与项燕率军反秦，与王翦和他的副将蒙武决一死战。结果熊启血战而死，项燕兵败自杀。

大楚灭亡。

王翦智而不暴、勇而多谋，在当时的乱世血腥之中，既清醒，又稳当。

精要简析

苏轼评价：善于用兵的人，破敌国要像小孩儿拔牙齿一样，要先把它慢慢地摇晃松动了，然后一举拔之。王翦率六十万人攻打楚国，就跟拔牙齿是一个道理。

赵高指鹿为马，群臣认鹿为马

奇智妙计

"指鹿为马"荒唐吗？是赵高脑子不好吗？他不知道鹿和马的区别吗？其实，他只是用看似荒诞的举动来进行一场测试，看一看他在朝堂之上，威望几许。而结果也没有让他失望。

秦二世胡亥宠信赵高，不理朝政，导致赵高把持朝政，倒行逆施。

这天，数月不曾上朝的胡亥想到朝堂一日游。

他来到朝堂，端坐下来："赵高呢？赵高怎么没来？"

他的第一句话不是问国事，而是问赵高。

这时候，就见一个人，慢慢地拾级而上，手里牵着一头鹿，迈进殿门。

"爱卿，你牵头鹿来干啥？"胡亥笑嘻嘻地问。

赵高抬头看了一眼皇帝，又低头看了一眼鹿，神色迷茫地说："陛下，这不是马吗？"

"嗯？"胡亥惊骇了，"赵高你怎么了？这明明是鹿啊。"

赵高斩钉截铁："不对，陛下，这不是鹿，而是马。不信，你问问他们。"

所有人都在赵高说出这是马的时候，被震惊得失语了。赵丞相糊涂了，还是眼睛出毛病了？为什么要指鹿为马呢？

中车府令赵成第一个开口："对，对，这是马，是马。"

他是赵高的亲弟弟——管他是鹿是马，哥哥说的就是对的。

那些畏惧赵高势力的人纷纷附和，都说是马，只有少数几人说是鹿。赵高非常得意，胡亥被弄糊涂了，到底是鹿还是马呢？他以为自己眼睛有问题，从此越来越糊涂，朝政上的事完全由赵高来操纵。

赵高派人暗中把那些说是鹿的人杀掉，又逼迫胡亥自尽，霸占整个朝廷，最后终于导致秦朝灭亡。

精要简析

　　一出"指鹿为马"，测试出了群臣对自己的忠诚度，赵高此举，看似荒诞不经，实则用意深沉。他要的不就是这种一呼百应，雄霸朝堂，乃至成为一国假君甚至真君的结果吗？

圮桥三进履，难得方能珍惜

奇智妙计

　　布衣老者对张良几次三番地刁难，其实都有他的深意。他就是要让张良知道，太容易得到的东西不会被珍惜，而不易得到的东西，拿到手之后方能珍重视之。

张良生于战国乱世，祖父和父亲都当过韩国的丞相，到他这一代，韩国被灭，国破家亡。

一个偶然的机缘，张良开始学习兵法。

据说，有一次，张良外出散步，过圮桥，一布衣老者高踞桥头。一见张良过来，故意把一只鞋子抖落到桥底下，然后冲着张良就叫："小子，给我把鞋捡上来。"

张良挺生气，自己好歹也算名门望族，以往只有自己使唤别人的份，你谁呀，敢使唤我？

当然，这只是张良的内心想法。他已不再是以前的贵族公子，世事无常，东奔西逃，早把他的心性磨得不再浮躁。他低头忍气，乖乖下桥捡鞋，递给这个老者。

谁想这老头子故意的，看似把鞋捏在手里了，张良一松手，他也干脆手一松，又把鞋故意掉下去了。张良一看没辙，得，再捡一次吧。如是者三，张良还按老者的意思帮他把鞋穿到了脚上。

老头儿满意了，又对张良做了三次试探，觉得他"孺子可教"，后来便送给他一部书——《太公兵法》。

张良兵法学成之日，正是天下大乱之时。于是他也加入反秦的火热洪流中去了，最终辅佐汉高祖刘邦，创下不世功业。

精要简析

老人是要张良玩吗？不是的，其实就是要察看他的心性，以及锻炼他"大勇能忍"的性格。另外，如果随随便便就把《太公兵法》送给他，他会认真对待吗？所以必须再三考察。

破釜沉舟断后路，用命拼杀挣前程

奇智妙计

敌众我寡之下，项羽破釜沉舟，自断后路，就是要向自己的将士展示决心：不战即死。在这种情况下，将士们自然无不用命拼杀。以必死之心而战有恃无恐之敌，在气势上就压倒了秦军。

秦末民变中，项羽率军五万与秦将章邯、王离所率的四十万秦军主力在巨鹿郡展开一场重大决战。

楚军数量远远少于秦军，项羽亲自率全军渡河，并下令将炊具打破，将船只凿沉，每人只带三天的干粮。众将士后退无路，只能拼死作战，以一当十，大胜秦军。

燕、齐、魏、代、辽等十几路诸侯军虽然前来救援，却慑于秦军之威，屯兵不出。《史记·项羽本纪》记载："诸侯军救巨鹿下者十余壁，莫敢纵兵。及楚击秦，诸将皆从壁上观。"

各路诸侯军看到项羽所率楚军之勇猛，无不咋指咬舌，奉项羽为诸侯军领袖。

精要简析

秦军虽人数数倍于楚军，但是因为项羽的破釜沉舟，而在气势上数倍弱于楚军，以致大败。而因为此举，楚军的勇猛也吓到了各路诸侯军，使得项羽成为诸军领袖，这都是不要命的拼杀赢得的战争地位。

萧何迎刘邦入沛县，成沛公

奇智妙计

萧何给县令挖坑，迎刘邦入沛县，如果这还算阴谋范畴的话，那么县令拒刘邦于城外，而刘邦向城内发射"劝反"信，就是阳谋了，赌的就是暴秦无道，尽失民心。结果，他们赌赢了。

秦二世元年，陈胜、吴广的张楚政权以摧枯拉朽之势反抗暴秦的统治，天下响应，各地义军蜂起。

47

华东地区风声鹤唳，各地官员大为紧张，刘邦的老家沛县的县令召集萧何与曹参等重要人士商议保秦还是反秦。县令想领头来响应陈胜，但是萧何和曹参早已经有了二心，他们想要奉刘邦为主，主导反秦大业。

所以，当沛县县令如此提议的时候，萧何说："不行不行。大人是朝廷官员，如今带头造反，老百姓未必会信任。"

曹参也在一旁附和。

这……县令为难了，问有谁可以担此重任。

萧何装模作样地想啊想，想啊想，然后说："泗水亭长刘邦，因押解劳役失职，如今逃亡在外，手下已有数百人之众，可当起大任。"

情况紧急，孤掌难鸣，县令答应，刘邦功成。原来萧何玩了一出无间道。

此刻刘邦正率领沛县子弟在山中逃亡，萧何派樊哙往深山中找到他，如此这般一说，刘邦赶紧率领手下，浩浩荡荡奔县城而来。

结果县令又反悔了，闭门坚守，不许刘邦进城，并且派人捉拿曹参和萧何，要杀掉这两个吃里爬外的家伙。

县令的马车夫夏侯婴和萧何等人关系特别好，危急中夏侯婴发动县府所有马车，将萧何、曹参等人在城门尚未封闭前送出城外，投奔刘邦去了。

萧何一见刘邦即告诉他县令反悔，城门已闭，刘邦示意继续前进，派樊哙回去联系沛县父老，自己随后准备武力夺城。

刘邦的部队到达城门下时，见城门紧闭，戒备森严，很难强攻。刘邦便问萧何该怎么办。

萧何说："强攻不如智取！"建议如此如此。刘邦大笑："妙计，妙计！"

很快，城里箭下如雨，每根箭上都绑着一块布，布上写着字，大意是：暴秦无道，天下之人受难已久。现各路诸侯蜂起，兵旅所至，恐沛县难免屠戮之灾。乡亲父老莫不如擒杀县令，响应义军，才是保家卫城之道，否则很可能玉石俱焚。

当晚即发生民变，县城一片混乱，卫兵也纷纷持戈倒向。县令孤身逃跑，被乱民所杀。

樊哙率领沛县百姓迎刘邦入城，萧何提议称刘邦为"沛公"。

大风起兮云飞扬，时势终于造就了刘邦这个大英雄。

精要简析

　　萧何和曹参迎刘邦入城未果，于是给刘邦献了一计，射箭劝反，使得百姓发生民变，杀县令，迎刘邦。这是一场关于民心的拉锯战，真实反映了得道多助、失道寡助的道理。

封赏南阳太守，消泯秦吏战心

奇智妙计

　　通过封赏南阳太守的方式，刘邦给各地的秦吏树立了标杆，使得他们毫无战心，刘邦一路畅通无阻。

　　公元前 208 年的年底，楚怀王命刘邦、项羽分兵伐秦，并且说好了，先入咸阳者王之。

　　于是刘邦和项羽展开竞争。

　　公元前 207 年九月，刘邦的军队遇上硬骨头，宛城固守，太硬了，啃不动。

　　刘邦说算了，咱绕道吧。

　　张良说不行，你前脚走，后脚宛城的秦军就得追着你的屁股打。前边又不是一马平川，秦军可在前头堵着呢。前有狼后有虎，会被吃掉的。

　　刘邦其实本来已经带着军队绕过宛城走了，这时候他听了张良的话，又偷偷地回来了，杀了个回马枪，夜色浓重，马裹蹄人衔枚，到了天亮，宛城秦兵一看，咦？被围了？

　　南阳郡郡守的一个门客翻过城墙去见刘邦，劝他说你别打，你越打，城里的人越反抗得厉害，都知道城破必死。这样你的军队也得搞得折手断脚，损失惨重。再说了，你这么耽搁着，项羽可就赶到你前头了。这样吧，干脆，放宛城人一条活路，也放你自己一条活路怎样？

刘邦很感兴趣："哦？说来听听。"

于是这个门客就建议道："不如封赏南阳郡的郡守，让他留下来守住南阳，你呢，继续西进。这个消息传开后，你走到哪儿，别人就知道你不是来要他们命的，他们反抗的劲头自然提不起来，走到哪儿都被人开城门迎接，任君通行，岂不美哉？"

刘邦二话不说，封南阳郡守为殷侯，又封给这个门客一千户，继续拔营去也。

果然，南阳郡的其他城池一听说太守降了，还活着，不仅没死，还升官了，那还等什么？一座座城门次第打开，刘邦畅通无阻。

精要简析

刘邦略定南阳能够广泛地争取民心，瓦解秦军力量，在加速反秦斗争的胜利等方面起了极为重要的作用。封赏南阳太守，充分显示了刘邦的宽容大度，在以后的楚汉战争中，刘邦通过这种手段使很多诸侯王和楚军将士都弃楚归汉。

复杂问题简单化，约法三章安民心

奇智妙计

刘邦约法三章，以安民心，是妥妥的阳谋，就是要告诉民众，我是与汝等为善的，不会像暴秦那样，对你们苛酷虐待，所以你们放宽心，好好拥护我即可。跟着我有好日子过。民众所求，不就是这个吗？所以刘邦就成为民心所向。

刘邦大军于公元前207年十月抵达灞上。此时，秦二世胡亥已死。子婴脖子上绕着绳子，手捧着御玺符节，素车白马，开城出降。

大秦亡。

在和项羽的竞争中，刘邦胜利了。他先入了咸阳，欲自封"关中王"。张良劝他：项羽对"关中王"之位虎视眈眈，如今项羽大军正拼命往这儿打，你这不是找死吗？更何况现在哪是你躺功劳簿上睡大觉的时候，老百姓还民心离散呢。你想得天下，得先拢住民心啊。

刘邦一下子清醒了。

他第一个动作，就是撤军灞上。拱手相让胜利果实，不去触项羽的霉头。

第二个动作，就是召集当地名士，约法三章："杀人者死，伤人及盗抵罪，余悉除去秦法，诸吏民皆安定不动。"

"杀人者死，伤人及盗抵罪"这一条，一方面约束的是民间乱象，另一方面却是更加强力地约束自己的军队，使得百姓在天下大乱和大军压境的态势下，也能够把心放进肚子里，不会担心被杀、被伤、被盗、被抢。

"余悉除去秦法"更是深得民心，毕竟秦朝暴政、苛政使得百姓苦不堪言，秦法一废，百姓欢呼。现在，杀人偿命，这是古来定律，没什么好说的；你伤了人家，偷了人家东西，该怎么抵怎么抵，该怎么罚怎么罚。这是当然之理。老百姓高兴，这样，民心也就有了。

"诸吏民皆安定不动"，则是告诉人们，我们只推翻秦朝暴政，余者基本上秋毫无犯，不会伤害你们的利益，也不会干扰你们的生活。

简明的"约法三章"一出，秦民感激涕零，争相携羊酒犒军，刘邦又不受："军粮够吃，不能破费黔首。"百姓听了，又高兴又担心：可千万不要让别人来当这秦地之王啊，我们就要刘邦，只要刘邦。

民众基础有了，后来汉朝建都关中，也是因为这个原因。

精要简析

常言道："得民心者得天下。"刘邦将复杂事情简单化，让民众第一时间接收到了他的诚意和善意，于是可以及时选边站队；同时可以通过口口相传的形式让"约法三章"极速传开，可以快捷有效地进行管理。

鸿门宴上示弱，有惊无险脱身

奇智妙计

这场鸿门宴，看起来刘邦无比憋屈，好像是软骨头，事实上却是死中求活的勇敢之举。他就是要明明白白地向项羽示弱，由此利用项羽的妇人之仁全身而退。

项羽好不容易打败秦朝猛将章邯，迫其投降，累得七死八伤，这才领兵直奔关中，结果一到函谷关，就被刘邦的守军拦下，然后告知关中已定，他简直气死了。

项羽进军戏亭，与刘邦相隔仅四十里。他铁了心要让刘邦看看，到底谁才最有资格称王。同时，谋士范增也强烈请求他除掉刘邦。

两军对峙，大战一触即发。

项伯是项羽的叔叔，和刘邦帐下的张良熟识。项伯杀人逃亡，张良曾救过他。所以项伯就偷偷跑到刘邦军中找张良，想带朋友逃跑。

但是张良不肯逃跑，还向刘邦引见项伯。

刘邦一听是项羽的叔叔来了，就款待项伯，美酒喝着，好话说着，到最后亲家都攀上了，目的只有一个，就是请项伯回去，美言几句，求项羽别打自己。

项伯真就回去替刘邦说好话，项羽真就下令取消了第二天的进攻。范增只能长叹一声。

第二天，刘邦来到项羽的军营，仅带着樊哙、张良和一百名亲兵。

逃又逃不掉，打又打不赢，不如服个软看看行不行。

公元前 206 年，项羽在咸阳郊外的鸿门举行宴会，招待刘邦。

范增在酒宴上屡次示意要项羽杀了刘邦，项羽都视而不见。

范增出帐找项庄，要项庄借舞剑之名除去沛公。结果项庄一舞，刘邦新认的亲家项伯为了保护刘邦，也拔剑起舞。

张良见情势危急，便出帐去找樊哙。樊哙带剑拥盾，闯帐而进，历数自家主公仁义，"先破秦入咸阳，毫毛不敢有所近，封闭宫室，还军灞上，以待大王来"，结果项羽还听信谗言，"欲诛有功之人"，直说得项羽无言可对。

又坐了一会儿，刘邦逃席，携樊哙尿遁而归，留下张良善后送礼。项羽收下礼物，范增则把给自己的礼物拔剑砍碎，叹了一句："竖子不足与谋！"

一场鸿门宴，刘邦最终有惊无险地脱身。

精要简析

在这场"鸿门宴"中，刘邦表现了他能屈能伸的性格特征：他不惜放下身段拉拢项伯，于是项伯就成了鸿门宴上护他性命的强力外援。他逃席后还留下张良给对方阵营的人一一送礼。有的时候，刚强真的敌不过柔软，所以项羽败，刘邦胜。

一出离间计，谋士范增死

奇智妙计

> 陈平在楚营中行使反间计，这是阴谋；但是当楚营派使者到汉营的时候，陈平的举动就是阴谋中夹杂着阳谋了：他就是要让使者看到，刘邦阵营看中的是范增，而不是项羽。这样一来，项羽自然就会对范增生出浓重的疑心。

楚汉战争最激烈之时，刘邦趁着项羽伐齐，鸠占鹊巢，占了项羽的老窝彭城，结果被项羽击败，逃至荥阳，又被楚军团团围困。

刘邦吓坏了，想割荥阳以西求和，项羽不理他。

这时候，陈平跟刘邦要了四万两黄金，开始猛施反间计。

哪里都不缺爱财贪财的人，陈平要来的钱当然要发散到楚军之中。所以陈平派使者入楚，说是致书项羽求和，其实是拿钱买嘴，让一些楚军将士四处放话，就说项羽手下的范增、钟离昧这些大将，他们立下那么大的功劳，却既得不到土地封赏，也没有侯王的爵位，所以打算同汉军联合，把项王灭掉，把他的土地分掉。

汉王的求和信，项羽铁定是不理的，对那些流言却疑窦丛生。所以他也派了使者去见刘邦，目的也并不是见刘邦，而是要在刘邦阵营里细心查看，有没有自己手下反叛的蛛丝马迹。

结果他派过去的使者一进荥阳城，陈平就亲自带队出迎，让使者进客厅，请上坐，并奉上水陆珍鲜，极之丰盛。陈平在那儿陪客，甚是热情洋溢。

　　陈平一个劲在那儿问："亚父（范增）可好？亚父可无恙？亚父派贵使前来，可是有何见教？钟离将军可好？钟离将军可无恙？钟离将军可是对我们有什么话说？"

　　楚王使者说："咦？亚父挺好，钟离将军也无恙，可我是霸王亲遣，他们没什么信让我捎给你的。"

　　陈平一听："噫！原来你不是亚父和钟离将军派来的使者，是霸王派来的使者！左右，给我撤！"

　　结果上来一帮人，闹哄哄地就把饭菜给撤掉了，楚使那个气呀，回去后就一五一十给项羽说了。

　　项羽联系到近日营中兵士的窃窃私语，再想想楚使的遭遇，他自以为明白了：原来亚父和钟离果然是私通汉王，心存异志……

　　项羽疑心一起，范增的方针政策就实施不下去了。范增越是劝项羽进攻吧进攻吧，项羽越是冷着脸子不听他的。催得急了，项羽就说："你老是让我进攻进攻，说不定我进攻了，我的小命也就叫你们交代了！"

　　范增一听，心凉了半截。罢了，卸甲归田，回老家吧，结果他在回老家的半路上就给气得背生痛疽，一病而死。

精要简析

　　项羽和范增，这一对君王与谋士本应是强强联合，项羽战场上有勇有谋，范增对于天下大势更是了然于心，分析透彻。结果陈平的离间计导致了范增的离开，使得项羽的强大楚军逐步陷入四面楚歌的窘境。

刘邦激将，半渡击楚

奇智妙计

两军对垒，若是有一方坚守不出，那坚守的一方必须要做得了聋子、瞎子，因为他们会面临对方无所不用其极的挑衅手段，一旦受不住激就可能上当。曹咎就上了这一个恶当，被刘邦半渡而击。

刘邦在彭城之战中败于项羽，被撵得仓皇逃窜，逃进成皋。

项羽西进追击，刘邦就深挖壕，高筑垒，和他耗上了。

就这样，楚汉对峙足有两年多。

公元前203年，项羽自己去攻打彭越，还要平定现在开封、商丘地区的动乱，于是把手下将军曹咎留下来守住成皋，并且再三嘱咐曹咎，任凭汉军怎么挑衅，千万不要和他们打，等项羽回来再说。

刘邦见项羽离开成皋，马上派人跟曹咎挑战。一开始曹咎不理他，没想到汉军天天有兵士隔着汜水叫骂，曹咎最后受不住激，怒而出城应战，欲率军渡汜水，结果就上当了。

楚军兵多船少，分批渡河。汉军眼看楚兵渡过一半了，一冲而出，把楚军前军打了个落花流水，结果前军一退，后军也乱了阵脚，自相踩踏，有落水的，有中刀中枪中箭的，顿时水上岸边浮尸大片，哭骂之声不绝于耳。曹咎后悔不迭，又后退无路，无颜见项羽，在汜水边自杀。

就这样，成皋彻底归了刘邦。

精要简析

楚、汉对垒，楚军被激，要渡河应战，结果就被汉军来了个半渡而击。这分明是可以看得到的战术，但是楚军守将被怒火蒙蔽了心智，最终落得一场大败。

刘邦败北捐关东，张良献策拉助力

奇智妙计

　　张良给刘邦提的建议，就是拿出土地，封赏给三个人。这三个人对于秦楚之战有着重大的作用。而封赏激励这三员大将，是最明确有效的措施。

　　项羽杀死义帝楚怀王，刘邦伐楚，师出有名。大举东进，所向披靡，兵锋直指彭城。

　　楚汉彻底翻脸。

　　刘邦统领五十六万大军，耀武扬威。项羽虽号称精兵，却只有三万，就是以一敌十，也不够砍。

　　刘邦就趁项羽和齐国相持不下的时候，率领大队人马一路向东杀过来。此时项羽身在前线，后方相对空虚，刘邦没费太大工夫，就攻下了西楚霸王的都城彭城。

　　彭城就是现在的江苏徐州，地理位置十分重要，为兵家必争之地。

　　项羽两头受气，很被动，很窝火。

　　为了夺回彭城，他不得不扔了齐国那一头，千里迢迢地从前方战线赶回来，其实现在前方后方都是战线了。项羽不愧是身经百战的人，在前后受敌的情况下仍然沉着冷静，保持着大将风度。他仅凭三万骑兵，在睢水上跟六十万汉军打了一仗。

　　刘邦斗武斗不过项羽，这次也不例外，汉军大败，并且在这一战中，刘邦的父亲和老婆也被楚军劫去当人质了。

　　而刘邦一直跑到下邑，才算稍稍喘了一口气，收拢了一些散卒。

57

情急之中，刘邦问张良："我想把关东之地分封出去，以拉拢能对付项羽的人，你们看分封给谁比较合适呢？"

"我建议分封给三个人，"张良显然对刘邦的悟性感到很高兴，"英布、彭越、韩信。英布虽然是项羽的直系部署，但是心高气躁，和项羽的关系很不好，多次在项羽出兵时装病；彭越和项羽没什么交情，而且已经与齐王田荣在梁地造反；韩信是汉军中唯一可以独当一面的将领。将关东之地给这三人，楚可破矣。"

刘邦不得不佩服张良的眼光。对汉军而言，彭城之战后正是黯云蔽日的最低谷时期，各路诸侯或者实力不济或者迫于形势，均不愿再撩拨起楚军的怒气。此时真正有隙可乘而又地位微妙的恐怕就是英布、彭越二人了。

英布与项羽的矛盾隔阂已非一日，只待激化，如能策反他，不但为自己减少了一个骁勇的对手，更直接在项羽的腹心插入一把出其不意的尖刀。

彭越则因为分封时未能如愿，与项羽颇有芥蒂，先前反秦之战中又与刘邦曾有过从，较之英布更容易拉拢。他的游击战术，也许成不了项羽的肘腋之患，但在未来很长一段时间里，将让楚军头痛不已。

而韩信，终于让人认识到了他出众的军事才华，等待他的，将是铭刻史册的功绩。与之相随的，是楚汉形势的渐渐扭转。

在当时的情况下，这的确是审时度势的最好选择。

精要简析

张良的谋划冷静，明智，高瞻远瞩，一语中的。这种典型的"阳谋"，在烽烟四起的流离年代，是谋划天下指点江山的战略策士不可或缺的。

韩信"趁火打劫"，刘邦不封假王

奇智妙计

刘邦被韩信"趁火打劫"，想要一个假王当当。事实上，他怎么可能想要当一个假王，就是想要当一个真王。刘邦怒火上升，如果不是被谋士劝住，不封真王封假王，就要得罪韩信，自断臂膀了。

在和项羽的争战中，刘邦被围困荥阳，韩信却势如破竹，平定魏、代、赵、燕，占据齐国故地。

然后，韩信想，是时候了，我也该称个王了。

于是，韩信遣使前来，请刘邦封他当个"假王"，好方便他镇抚齐国。

刘邦火撞顶梁，开口就骂："我在这被人困死，对他日思夜盼，他不说来救，反而想当王，我……"

这个"呸"字还没出口，张良和陈平就在底下拼命踩他的脚，一边踩一边对他附耳道来：

"别乱发脾气呀，咱们现在都给裹成粽子啦，你也拦不住他称王啊。还不如送他一个顺水人情，让他镇守齐国呢，不然他给你一造反，变乱一生，两头不能兼顾，不就什么都完了？"

刘邦脑子转得很快，马上接茬儿继续骂："我真是服了韩信，这么小气，大丈夫平定诸侯，自然该当个真王，他跟我要个假王干什么！"（"大丈夫定诸侯，即为真王耳，何以假为！"）然后张良受命，授韩信齐王，征调他的军队打项羽。

刘邦真是个戏精。

陈平和张良也真顶用。

精要简析

　　刘邦在怒气冲冲的情况下，还能够听从谋士之言，迅速冷静下来，做出正确决断，一可见他的容人之量，二可见他的脑筋灵活、随机应变。另外，更可以见到他以大局为重来衡量局势的胸襟。

把好处落到实处，先分地盘后打仗

奇智妙计

　　给人好处不是空口说白话，一定要把好处落到实处，才能够让人为我所用。刘邦先是把关东之地分封给三员大将，然后又听从张良的建议，再具体划定地盘，方才使得援军至，楚军败，项羽亡，汉一统。

　　刘邦把关东之地分封给三员大将后，韩信开始拼命袭击楚军，彭越也断了楚军的粮道，楚军抗不住了，项羽就跟刘邦讲和：以鸿沟为界，中分天下，东归楚，西归汉，解甲归国，从此以后，井水不犯河水。

　　但是项羽前脚向彭城而去，刘邦这边，张良和陈平却不让他走："如今咱们汉都占了三分之二的天下了，此时不灭楚，更待何时？放虎归山，等着他恢复元气，再过来打咱们吗？毕其功于一役，打吧！"

　　刘邦于是就继续打，还给韩信和彭越下令，让他们也出兵。

　　但是，刘邦赶到固陵，追上了楚军，并没有等来韩信和彭越的援军，结果又被项羽打败了。刘邦很郁闷："他们怎么没来？"

　　张良说肯定是因为他们虽然已经受封为王，但是还没有明确划分地盘，所以不愿意来。如果你能给他们划定地盘，共享天下，他们立马就来了。

于是，刘邦就照着张良的意思，把陈地以东至沿海的地盘划封给齐王韩信，把睢阳以北至谷城的地盘划封给梁王彭越。

果然，两个月后，援兵到了。

结果大家都知道了，项羽被困垓下，四面楚歌，阵前战死。楚汉相争四年，终于落下帷幕。公元前 202 年，刘邦正式称帝，史称汉高祖。

精要简析

张良是深悉人心的，他知道好处要具体给到人，而不能笼统许诺。刘邦是知人善任的，他知道张良所提乃良策，才会听从他的建议，具体划定分封地盘，为自己赢得助力。

垓下之围，四面楚歌

奇智妙计

两军对垒，气氛肃杀，乡歌唱起，将士思归，战意就这样被堂而皇之地瓦解，甚至于统帅项羽都深受影响，心绪低沉，越发使得楚军势弱，最终大败，项羽身亡。

公元前 202 年十二月，垓下。

刘邦、韩信、刘贾、彭越、英布等各路汉军共约四十万人与十万楚军展开决战。

数年跌宕，项羽的实力已大不如前，以前伸根指头似乎都能捻死刘邦，如今对方的兵力是自己的四倍，他成了一根有力到能把自己捻死的手指头，自己似乎成了岌岌可危的蚂蚁。

项羽身陷两翼汉军的夹击重围，坚守不出。

楚军的粮食越吃越少，士兵也越战越少，异地他乡，征战有年，深夜繁星似尘，远处似乎传来了隐隐约约的楚歌。

楚地的歌。家乡的歌。

母亲洗着菜的时候唱的歌，父亲挥着锄的时候唱的歌，妻子背着小婴儿的时候唱的歌，情人摇着橹思念自己爱人的时候唱的歌。

到了此时，每一个楚军将士，才知道亲人的思念有多深，自己的孤独有多苦。

项羽也被歌声惊醒，大惊起身："难道汉军已尽得楚地了吗？为什么有这么多楚人呢？"

此时他不再是一个身经百战穿金甲的战士，他也是一个盼归乡而不得的游子。一个人孤独夜饮，美人虞姬起身服侍，乌骓马被拴在帐下，也在不安地喷着鼻息。项羽慷慨悲歌："力拔山兮气盖世，时不利兮骓不逝。骓不逝兮可奈何，虞兮虞兮奈若何！"

美人虞姬舞剑以和，旋即自刎。项王泣下，左右皆低头拭泪，不忍仰视。

此时项羽也就无心再耗下去，想来个速战速决，起码先把这个围住自己的铁桶撕开个口子。所以他一如既往，当先上马，引兵突围，身边环绕八百壮士，一行人众马蹄踏踏，向南疾驰。黎明时分，汉军察觉，灌婴率五千骑兵随后追击……

刘邦不久也亲率大军，发起追击，又积极调来援兵，多路围攻，以绝对优势的兵力，全歼楚军。

项羽不肯逃亡，自刎于乌江。

刘邦胜，汉朝兴。

精要简析

刘邦阵营用"四面楚歌"的攻心计，使得楚军思乡、厌战，从而军心大乱，纷纷逃亡。在四面楚歌中，霸王别姬乌江边，拔剑自刎，楚国随之灭亡。心理战其实在日常的工作和生活中也并不少见。

刘邦劳军，削减韩信兵权

奇智妙计

刘邦夺韩信的兵权没有通过什么阴谋，就是直入其营，直收其权，告诉他另有分派。但是因为另外许诺给韩信的地盘更大，"王"的分量更重，所以韩信并不抵触，其他诸侯也没有兔死狐悲之感。

数年楚汉之争，如今胜负已定，项羽死了，刘邦下令各路诸侯先回各自封地，等着进一步评定功劳和分封。

韩信已被刘邦封为真的齐王，他也带兵返回自己的国土。他先来到齐国西南巡视一圈，然后驻营于定陶。

但是韩信的军事才能让刘邦忌惮，这人实在是太危险了。他手握大军，刘邦吃不下睡不安。

刘邦率禁卫军直奔定陶，打的旗号是劳军，于是韩信放他们直入大本营。然后刘邦就直接收缴了韩信统领三十万大军的印信，只给他保留了直属兵力的指挥权。又怕韩信多心，告诉他之所以这么做，是要封他为楚王，齐地则另有分派。

韩信一听，想着反正自己也是楚人，楚地比齐国的面积还大，这么做既合情合理，自己又不吃亏，没问题。同时他心中还自恃有大功，所以不疑有他，倒觉得刘邦厚道，善待功臣。

不光是他，别的诸侯们听说此事，也并不惊慌，不觉得刘邦是夺取兵权，另有他图，反倒都觉得刘邦这人挺好。

就这样，刘邦打着劳军的旗号，光明正大地把韩信的兵权收缴了。

精要简析

一出劳军戏，其目的其实就是收缴韩信的兵权。但是因为刘邦行事光明正大，所以反而没有引起韩信的警惕，也没有引起其他诸侯过激的反应。主要是太光明正大了，都让人不好意思做出阴暗的猜测了。

雍齿封侯群臣喜，消除动荡安人心

奇智妙计

汉朝初立，人心不稳，在这种情况下，封一个自己讨厌乃至于痛恨的人高官厚禄，是很能够稳定人心和局势的。

公元前 202 年八月，刘邦正式迁都长安。

公元前 201 年正月，刘邦大封功臣。

这天，刘邦看见一些将领聚在一起，不知道在说什么小话。他纳闷了，便问张良："他们说什么呢？"

张良说："他们商量造反呢。"

刘邦吓了一大跳！"刚太平了，他们怎么又要反？"

张良说："陛下呀，你得天下，这些人有功。可是你大封功臣，可不是凭着功劳说话的。你是待见谁才封谁，而不是谁有功才封谁；不待见谁就杀谁，而不是谁有罪才杀谁。如今朝里不是正统计战功吗？有功的人那么多，天下土地有限，分又分不过来，可是平时这些人难说不犯点过失，说不定什么时候就被你给砍了。他们没有安全感，所以正商量着干脆一起造反得了。"

刘邦慌得不行："那怎么办才好呢？"

张良不答，反而问他："就群臣所知，你平时最恨的是谁？"

刘邦毫不犹豫地回答："雍齿。"

"这就好办了。大家都知道你恨雍齿，都想着雍齿要完了，要被杀头了，结果你不但不杀他，反而封赏他。大家一看，雍齿都有这么好的待遇，咱们肯定没事儿，这不就都安心了吗？"

刘邦依计而行，大宴群臣，席间当众封雍齿为什邡侯。他又担心丞相、御史这些家伙知道自己讨厌雍齿，再来一个阳奉阴违，磨洋工，又催着他们赶紧定功封赏，不许拖。

群臣皆喜，把心放在了肚子里。

张良一下子就把刘邦任人唯亲和徇私封赏造成的副作用给消解了。

精要简析

据史书记载，雍齿曾经背叛刘邦，几乎将其逼入绝路，所以刘邦对雍齿非常痛恨。刘邦一统天下后，雍齿再次投靠了刘邦。刘邦封雍齿为侯，既显示了自己的大度，又传递出自己不会滥杀功臣的信号，极大地安抚了朝廷中对封侯不满、担心被杀的开国元勋。树立一个标杆，解除一场危机，张良的智谋使得刚刚建立的汉朝得以免去动荡之忧。

刑白马盟，封同姓王

奇智妙计

刘邦为了巩固皇权，分封的诸多异姓王最终都被铲除，然后斩白马起誓，使刘姓王共同盟誓，共享刘家天下。这也算是一出光明正大的刘姓保刘姓的誓约，向天下人昭告：这天下是刘姓人的天下。有异姓造反，则刘姓共诛之。

刘邦分封了很多的异姓诸侯王，时移势易，如今他做了皇帝，需要把权力集中在自己手里。但当下情况是朝廷直辖的领土不过十五个郡，其余的土地、人口、粮食产物、军政大权都握在诸侯王手中。这和战国时期的群雄割据也没什么两样。

所以为了汉王朝的长治久安，也需要干掉异姓诸侯王。

韩信首当其冲，先以莫须有的"谋反"罪名被捕，贬为淮阴侯；不久，又死于皇后吕雉之手。

韩信已除，刘邦又把梁王彭越、淮南王英布也杀掉。其他几个王，有的逃入匈奴，有的被贬；只有长沙王吴芮，地处偏远的南方，既对中央构不成威胁，又实力低弱，倒反而得以保存。

异姓王没有了，刘邦又封了他家族的九个同姓王，都是刘邦的儿子、侄子、兄弟之类，他想，这回大家都是一家人，不会像异姓人那样反叛我吧？

所以，高祖十二年（公元前195年），刘邦杀白马为盟，订下誓约："非刘氏而王者，天下共击之。"即刘家天下不能让别人夺去，这就是历史上所称的"刑白马盟"。

精要简析

刘邦以这种堂堂正正的盟约方式，宣告天下归刘氏所有，其他人不得有非分之想，否则刘氏诸王会组团共击之。

商山四皓解危局，废长立幼不可行

奇智妙计

刘邦想要废长立幼，被张良一着破局：也不需要别的复杂手段，只要商山四皓在太子身边一站，刘邦就明白：太子羽翼已成，不可动也。

刘邦一生中有两个重要的女人，吕雉和戚姬。

吕雉是发妻，戚姬是宠姬。

她们都生有儿子，吕雉的儿子年龄较大，按顺位继承的法则，刘邦身故后就是吕雉的儿子来接掌全国，是为太子。但是戚姬又想让自己的儿子如意继承王位，所以枕头风是免不了的。于是废太子立如意的事，差一点就成了。

吕后向张良求助，张良架不住她再三恳求，说刘邦生平最崇敬"商山四皓"，就是四个老者：一个叫东园公，一个叫绮里季，一个叫夏黄公，还有一个是角里先生。

这四位老先生为避秦乱，结茅山林，咱们的皇帝非常想把这四个人找来给自己出谋划策，安定天下，但是这四个人看不上他，嫌他这人粗鲁，又不尊重读书人，所以不愿意当他的臣子，就照旧躲在山里面。你要是能把这四个人找来，让他们跟着太子，陛下可能会回心转意。

吕后就派她的哥哥带着太子的书信和礼物去请这四个老先生。"商山四皓"未必见着礼物有多么心动，倒是被太子的书信感动，说起来，太子刘盈人虽软弱但心地善良，自有其人格魅力，所以他们答应出山，做太子的宾客。于是，刘盈得到这四位博学长者的倾囊相授，修养和见识都大有

67

长进。

公元前 195 年，刘邦自知病重，将不久于人世，想趁活着的时候换立太子。结果在一次宴会上，刘盈身后就跟着"商山四皓"。刘邦观其须发皆白，却对太子态度甚为恭谨，心中纳闷，出言相询，当得知他们就是"商山四皓"，一下子就心凉了半截：完了，太子废不得，也废不了，自己都请不动的贤者成了太子的宾客，说明太子也不是等闲之辈，表明民心已是太子的。

刘邦不糊涂，扰乱民心，进而挖自己皇权的墙脚的事还是不会干的，所以他只有长叹一声，此事作罢。戚夫人也没办法。

随后，戚夫人跳舞，刘邦唱歌：

鸿鹄高飞，一举千里。
羽翼已就，横绝四海。
横绝四海，当可奈何？
虽有弓矢，尚安所施！

精要简析

在这件事情中，"商山四皓"本人的能力并没有起到什么作用，而是他们的名头起了作用。张良利用了刘邦当初对"商山四皓"求而不得，从而对"商山四皓"产生了印象中的光环的心理，起到了震慑刘邦以免他另立太子的作用。

定都洛阳，还是定都关中？

　　在定都这个问题上，刘邦和娄敬，一个是皇帝，一个是戍卒，二人各执己见，受支持的一定是刘邦。唯有张良，能够摆事实、讲道理，最终说服了刘邦，不再坚持他定都洛阳的决定，而定都关中。

　　公元前202年，刘邦正式称帝，在洛阳南宫举行庆功大典。

　　下面，就要定都了。

　　刘邦想要定都洛阳；一个叫娄敬的，是一介戍卒，他求见刘邦，劝刘邦定都关中。理由是定都关中可以固守险地，国家才可长治久安。

　　两种想法摆上台面，受支持的自然是刘邦。没有几个敢和皇帝呛声的，很多人都说皇帝想得好，想得长远，应该定都洛阳。

　　这些主张建都洛阳的大臣，大多是六国旧人，对于洛阳有着深厚的眷恋，那里毕竟是中原。而关中啊，秦地，可是一直被人称为蛮夷之地的，这里不是他们的家乡。

　　他们支持刘邦定都洛阳的理由是洛阳历史悠久，坚固易守，因为它东有成皋，西有崤函、渑池，背靠黄河，前临伊、雒二水，地理形势绝佳。

　　只有张良支持娄敬，主张定都关中。

　　他摆出的理由是洛阳虽然有天险，但是腹地小，田地不肥沃，而且容易四面受敌。如今大汉天下初定，各方反对势力随时冒头，需要以武治国。要想以武治国，定都洛阳就不合适了。

　　反观关中，天险一点不比洛阳少，左有崤山和函谷关，右有陇蜀丛山，土地特别肥沃；而且它的南面就是巴蜀，农产品特别丰富；北边则是大草原，可以放牧牲畜。

这样一来，北面、西面、南面都有险要可守，敌人轻易打不过来；而我们可以直面东方，控制诸侯。

等到诸侯安定下来，就可以利用黄河和渭水开漕运，运粮食，以供京师。

万一诸侯造反，也好办，粮草顺流东下，队伍出征，补给也很方便。

所以，"这是金城千里，天府之国，娄敬的主张是对的"。

刘邦从善如流，定都长安。

精要简析

支持刘邦定都洛阳的是六国旧人，他们是从情怀出发，而不是从实际出发。张良支持娄敬，则是从事实出发。刘邦知人善任，能听得进劝谏，所以定都长安，保了汉朝数百年平安。

张良谨慎，请封留地

奇智妙计

刘邦称帝，张良功莫大焉，他却推却丰厚赏赐，只保留一个简薄的待遇。这正是他的聪明之处。他就是通过这样的举动，很明确地告诉刘邦自己的忠诚不容怀疑。

刘邦称帝，大封功臣，令张良自择齐国三万户为食邑，张良辞让。他说，当时你我君臣于留地相遇，就把我封在那里吧。

刘邦同意，称张良为留侯。

——这比齐国那三万户的食邑可就小多了，简薄多了，待遇差多了。

可是张良说，故国灭而家族败，此后自己只是一介布衣，而得封万户，位列侯，够了。

张良善谋，一方面，他怕功高震主；另一方面，他本是韩国贵族，刘邦对他毕竟心有猜忌，若是官高位显，万一刘邦怀疑他要复韩，岂不是更会落得死无葬身之地。他用请封留地的举动，向刘邦表明了自己的忠诚。

精要简析

张良为什么只当一个留侯？这留县面积小，目标就小，同时又是刘邦和他初相识的地方，言下之意，求刘邦看在故人一场的面子上，功成之后，不要加害自己。他对于人心的算计到了幽微之处。

推恩令：不是削藩结仇，而是分封结恩

奇智妙计

汉朝时期，诸侯王坐大难制，汉景帝时期曾经因为削藩引发七国之乱。汉武帝刘彻为了消除隐患，集权中央，推行"推恩令"，旨在减少诸侯的封地，削弱诸侯王的势力。

汉高祖刘邦刚做皇帝的时候，朝廷直接统治的领土不过十五个郡，其余的土地都由刘邦分封给了那些帮自己打天下的异姓王，几乎恢复了战国时期的割据局面。

汉朝建立后，刘邦感到握有重兵的异姓王对中央集权是严重的威胁，便决心除掉他们。

他首先向楚王韩信开刀，先以并无实据的"谋反"罪名将他逮捕，贬为淮阴侯；不久，皇后吕雉就设计将韩信斩首。

杀了韩信之后，刘邦又以同样的罪名，把梁王彭越、淮南王英布杀掉。其他几个异姓王，有的逃入匈奴，有的被贬；只有远在南方、地少力弱的长沙王吴芮，因被刘邦认为构不成对中央政权的威胁，才得以保存下来。

消灭了异姓王，刘邦又封了九个同姓王，都是刘邦的儿子、侄子和兄弟。他自作聪明地认为，分封刘氏子弟为王能屏藩皇室，也无离心背德之虞。所以，在高祖十二年（公元前195年）他杀白马为盟，订下誓约："非刘氏而王者，天下共击之。"这就是历史上所称的"刑白马盟"。

——但是，异姓诸侯王虽被剪灭了，中央集权同地方割据势力之间的矛盾，并未得到彻底解决。而且世代更替，血缘渐薄，只凭一个简单的"刘"姓宗亲的标准分封的王国并不能起到拱卫中央的作用，反而有极大可能搞分裂。虽然汉景帝时期，景帝听从晁错的建议，开始削夺刘姓诸王的封地，却惹起了七个刘姓王国的叛乱，结局是中央妥协，晁错作为替罪羊被腰斩弃市。

乃至于到了汉武帝初年，有的诸侯拥有相连的几十座城池，土地上千里。天下形势和缓时，则易骄横奢侈，做出淫乱的事情；天下形势急迫时，则倚仗他们的强大，联合起来反叛朝廷。

在这种情况下，汉武帝登基主政后，就推行了大臣主父偃提出的推恩令。

——过去诸侯王国内的传承制度是将封地和爵位传给嫡长子，其余诸子没有份儿。这样代代相传，一块块大蛋糕始终完完整整地掌握在各刘姓诸侯王手里。

这样虽然对于各诸侯王家族的延续有极大的好处，对于各诸侯王家族内部其他子侄却并不友好，谁不想承袭王爵，手握封地，大权独揽，当家做主呢？

所谓的推恩令，就针对此种情况做出如下规定：诸侯王除了嫡长子可以继承王位之外，其余诸子也可以在原有的封国之内封侯。而新封的侯国不再受王国管辖，而是归于各郡管理之下，地位相当于县。

——削藩了吗？没有啊。蛋糕还是在各自的诸侯王手里，又没有便宜外人。无非是把这块大蛋糕分成若干小块而已，无非是继承王位的嫡长子捧走了最大的那块蛋糕之外，有几块小蛋糕落到了兄弟们手里而已；无非落到兄弟们手里的这几块小蛋糕，不再归自己管理了而已——对于各藩国之王来说，无非几块看不上眼的小蛋糕而已，丢了似乎也没什么要紧，自家王族内部团结最重要。

于是诸侯国越分越小，小到"大国不过十余城，小国不过数十里"。这还能有什么谋反逆乱的能力？

精要简析

"推恩令"的奇妙之处在于这一出堂堂正正的阳谋使出来，各地诸侯王根本没有还手之力。因为这不是削藩结仇，而是分封结恩。各诸侯王族子弟除了嫡长子之外，个个欢欣鼓舞，对朝廷恩义无比感激；又摩拳擦掌，因为想要分到更大的蛋糕而在家族内部图谋乃至刀剑相向。藩国内斗，再加上"推恩"这把快刀，自然达到了不动兵戈而集权中央的目的。

刘邦遗命四步走，安汉数百年

奇智妙计

刘邦以重病遗言的方式，安排下了身后执政中的关键人物，吕后不得不听。而他深谙用人之道，安排下的人物都各有所长，并且针对吕后有所防备甚至是设计，所以才能保下刘姓王朝数百年。

刘邦病重将死，吕后问他，陛下百岁之后，萧相国死后，谁可代替他？

刘邦说："曹参。"

吕后继续问："接下来谁能代替他？"

刘邦说："曹参之后，可由王陵接任。只是王陵这家伙容易犯拧，处事不灵活，所以要用陈平来辅佐他。不过陈平呢，虽然脑袋瓜子好使，主意来得快，性情上又有点优柔寡断，难断大事，所以，还需要一个周勃来辅佐。你别看周勃不爱说话，嘴巴笨笨的，但是为人忠厚淳朴，日后安我刘家天下，非他莫属，所以，就让他做个太尉吧。"

吕后还要接着问："再接下来呢？"

刘邦意义不明地说了一句："接下来的事，我看你也就不用再多操心了。"

为什么呢？原来刘邦用此四人，自有他的道理。

这四个人中，曹参通黄老之术，最擅长稳定安民，所以用了他，可以保证萧何制定的律令能够得到最大限度的实施，而不会朝令夕改，令百姓无所适从。

用王陵，是因为王陵忠直，最易坚持刘家天下姓"刘"不姓"吕"的立场，假如吕后野心太大，可以敲打敲打她。

至于陈平，看着很滑头，事实证明，他在吕后专权的日子里，好像也真的很滑头，吕后问他诸吕是否可封王，他把头点得好像鸡啄米似的，但是，吕后没想到他是在保存有生力量。单等吕后一死，马上会同周勃把诸吕擒而杀之。

刘邦以遗言的形式，一番谋划，保了汉家天下数百年。

精要简析

刘邦最擅长用人，即使是身后事，也安排得明明白白。他深谙人性，恐怕已经察觉吕后的野心，为保刘姓江山，不得不步步为营。事实证明，他这一番谋划十分有效。

周亚夫细柳营迎驾

奇智妙计

　　周亚夫连皇帝的账都不买，别人还敢不听从他的军令吗？所以说这次周亚夫细柳营迎驾，就是要让所有人都看到，他是这样领兵的，想要不听调遣的，自己衡量衡量，是不是比皇帝还尊贵。

　　汉文帝六年（公元前158年），匈奴犯境，文帝急调守边三路军队到长安附近驻扎守卫。其中宗正刘礼驻守在灞上，祝兹侯徐厉驻守在棘门，河内太守周亚夫守卫细柳。

　　汉文帝为鼓舞士气，亲自劳军。他先到灞上，守卫将士听说是皇帝的车驾光临，马上大开营门迎接，文帝要走了，主帅亲率全军，把皇帝送出大门外。

　　他到了棘门，得到的也是同等待遇。

　　然后他就到了细柳营——周亚夫的驻地，结果守门士兵根本不让他们进，因为"将军有令，军中只听将军命令，不听天子诏令"。直到汉文帝特地派使者拿着自

75

己的符节进去通报，周亚夫才命令开门。

皇帝好不容易进来了，结果守营士兵还很严肃地告诫他们："将军有令，军营之中缓步慢行，不许车马急驰。"皇帝的车夫只好控着缰绳不让马走得太快。

到了中军大帐，只见周亚夫一身戎装出来迎接，手里还拿着兵器："甲胄之士不拜，请陛下允许臣下以军中之礼拜见。"

文帝欠身扶着车前的横木，向将士们行军礼。劳军完毕，对跟着他一起来的文武百官说："这才是真将军！"

周亚夫此后被升中尉，掌京城兵权，文帝死时，特嘱太子刘启以后倚重亚夫，于是太子即位成为汉景帝后，又让他做了骠骑将军。

精要简析

周亚夫此举，与灞上的刘礼和棘门的徐厉形成鲜明对比，体现了周亚夫治军严明的特点。就连皇帝尚且要遵守军中规制，军中将士还能不严守军纪？想要立威，就一定要立最大的威，这威严方能立得住。

耿纯烧家，追随刘秀

奇智妙计

耿纯不但自己追随刘秀，还带着他的家族一起追随刘秀。为了使他的家族中人死心塌地，干脆烧了老家所有的房子。这种破釜沉舟之举，对于他的家族中人来说，就是明明白白告诉他们，必须且只能跟随他，一起追随刘秀了！

耿纯是东汉的开国功臣，"云台二十八将"之一。

当时也是群雄相争，他誓死跟随刘秀，刘秀南下，他带着堂兄弟耿欣、耿宿、耿植，还有他门下的宾客，还有他的一大家子，一共两千多人，那些个老的、病的也一起来了，居然还拉着棺材，一起迎接刘秀！

刘秀很高兴，封耿纯为耿乡侯，任命他为前将军。

当时刘秀势力并不大，老是被人追着跑，倒是邯郸王郎势力挺大的，好多郡国官吏望风归附，希望在大树底下好乘凉。耿纯担心自己的族人里边也会有人怕刘秀兵不多将不广，生起归家之心，干脆派耿欣和耿宿回老家，一把火把所有的房子都烧了！

刘秀问他为什么，他说："今邯郸自立，北州疑惑，纯虽举族归命，老弱在行，犹恐宗人宾客半有不同心者，故燔烧屋室，绝其反顾之望。"（《后汉书·耿纯列传》）

这一手玩得真绝，后路都给断了，老家也回不去了，就踏踏实实一起跟着刘秀干吧！

精要简析

自己做决定不难，难的是替族中所有人下定决心。而下决心的方式不是靠谈心说服，或者靠感情绑架，而是直截了当地断绝后路。这份决心，族人看到后，必然也下定决心，死不回头。

孙坚稳坐吓退敌人

奇智妙计

面对强敌杀来，孙坚不但有胆量，而且有智谋。他就稳坐在座位之上，还命令别人也不许动，董卓的骑兵摸不透虚实，居然就不敢前进，只能掉头返回。

袁绍和曹操等各路诸侯组成关东联军，讨伐董卓，孙坚也起兵讨卓，可是他的地位不高，所以就投靠了袁术，成了袁术的一员战将。

关东联军组成以后，整天就是喝酒闲谈，只有两个人是真的打过董卓的。一个是曹操，一个就是孙坚。曹操失败了，孙坚却一路上杀了好多人，打到了洛阳跟前，并据正史《三国志》记载："坚复相收兵，合战于阳人，大破卓军，枭其都督华雄等。"由此可见，是孙坚杀了董卓手下的华雄。而后来罗贯中在《三国演义》中改编成了"关羽温酒斩华雄"。

有一回，孙坚设宴给去豫州治所催办军粮的长史公仇钱行，在鲁阳城的东门外边搭帐篷，来了不少的大臣。当然周围还有他的士兵们。偏偏这个时候，董卓派了几万人来打鲁阳城，先头部队的几十个骑兵已经杀到近前。

对于在地上的人来说，骑兵无异于拿着镰刀收割性命的死神，只要此时孙坚一慌，骑兵们就会举着大刀迎面砍上！

孙坚一听探马报说董卓的先头骑兵已经到了，他就下令：不许慌，都给我坐着。旁人汗如雨下，他却坐得稳稳当当。然后眼看着董卓的骑兵越聚越多，他这才慢慢离开座位，带着众位将官大臣回了城。

回了城他才说："我刚才不是吓得动不了，而是不能动，我一乱动，军心大乱，士兵们一乱挤乱踩，你们就进不了城了。"

好笑的是，董卓的骑兵来到城门前，看见孙坚的士兵们排列整齐，刀兵闪闪，一副胸有成竹，就等你送上门来给我砍的景象，居然一箭没放就回去了……

精要简析

孙坚和董卓的骑兵，看似没有交锋，实则打了一场心理战。孙坚这个处于绝对弱势的人，硬是摆出一副稳坐泰山的架势，吓退董卓的骑兵。这份心理素质就够强悍的。

太史慈射靶突围救孔融

奇智妙计

两军对垒，一个人出城练箭，第一天还会引起对方紧张，第二天、第三天呢？看着他再出城的时候，对方心里已经毫无波动了。然后这个人再乘敌不备，突围而走，不是很顺理成章的事儿吗？

孔融因为黄巾军攻州掠府，出兵驻守都昌，被起义军管亥所包围。太史慈因孔融善待自己的母亲，所以他自告奋勇，前往都昌，要救孔融于水火之中。

太史慈一人步行到都昌，此时城池包围得还不十分严密，太史慈等到夜间，乘人不备进去见孔融，请求孔融派兵随他出城砍杀。孔融不听，想等待外面的援兵来解救，但一直未见救兵，而包围一天比一天紧逼。

孔融想向平原相刘备告急，但城里的人没有办法冲出去，太史慈主动请求出城求援，孔融答应了。

太史慈收拾好行装，早早地吃了饭，等到天明，便带上箭囊提着弓弩上马，令两名骑兵跟随在后，各将一个箭靶子拿在手上，打开城门径直出去。

外面包围的人都很惊骇，如临大敌，步兵、骑兵一起冲出。结果眼前的一切让他们大跌眼镜。

太史慈策马来到城下的壕沟内，插好随从所拿的两个靶子，然后跃出壕沟射靶，射完后，径直进入城门。

——嘻，原来是一个人闲着没事干，在练箭。

第二天早晨又是这样，城外包围的人有的站起来，有的趴卧着，太史慈再插好靶，射完后又进城去。

第三天早晨还是这样，城外的包围者再没有站起来，太史慈于是用鞭猛抽马，直向包围圈冲去，杀了他们一个出其不意！等到起义军明白过来时，他已突围而去。

太史慈于是到了平原，向刘备求援，刘备当即派精兵三千跟随太史慈前去救助。

起义军听说救兵已到，便撤围逃散而去。

精要简析

太史慈明面上是在出城射箭，实则是在麻痹敌人。因为人的心理是有惰性的，第一天警惕，第二天警觉，第三天觉得此人又来了，随他的便吧……就这样，太史慈才能乘敌不备，突围而出。太史慈就是抓住了人的这种惰性心理，堂堂正正玩起心理战。

鲁肃榻上对，孙权终称帝

奇智妙计

鲁肃一出榻上对，是基于天下大势，做出的合理布局。虽说孙权一开始并没有对这个对策大加欣赏，但是随着时势的推移，他仍旧按照这出榻上对的布局来走了。这不是小谋小计，而是战略的谋篇布局。

在建安五年（公元 200 年），鲁肃向孙权献了一条计，这条计堪比诸葛亮的"隆中对"，而它比诸葛亮在建安十二年（公元 207 年）和刘备的"隆中对"还要早好几年。

具体情形是这样的：

孙权接见了一群宾客，别人告退，孙权却独独把鲁肃留下，两个人合榻对饮。

孙权就说："当今汉室如大厦即倾，四方纷乱不已，我继承父兄创立的基业，企望建成齐桓公、晋文公那样的功业。既然你惠顾于我，请问有何良策助我成功？"

鲁肃回答："过去汉高祖忠心耿耿，想尊崇义帝而最后无成，是因为项羽加害义帝。如今的曹操，犹如过去的项羽，将军怎么可能成为齐桓公、晋文公呢？以鲁肃私见，汉室已不可复兴，曹操也不可能一下子就被除掉。为将军考虑，只有鼎足江东，以观天下变化形势。

"天下局势如此，据有一方自然也不会招来嫌猜忌恨。为什么呢？因为北方正是多事之秋。将军正好趁这种变局，剿除黄祖，进伐刘表，尽力占有长江以南的全部地方，然后称帝建号以便进而夺取天下，这如同汉高祖建立大业啊！"

他的建议其实和诸葛亮三分天下的主意如出一辙。诸葛亮一出"隆中对"，奠定了他在蜀汉的谋主地位；而鲁肃却没有得到相当的待遇，因为当时孙权的翅膀还不够硬，心思也不野，所以回绝了，说："我现在尽一方之力，只是希望辅佐汉室而已，你所说的非我所能及。"

待到赤壁之战大破曹军，鲁肃先返归吴郡，孙权大张声势请诸将迎接鲁肃。

鲁肃将入殿门拜见孙权，孙权起身行礼，还问鲁肃："子敬啊，你看我，扶鞍下马迎接你，足以表彰你的功劳吧？"

鲁肃一边急趋而进，一边说："非也。"就座后，鲁肃才缓缓举起马鞭，说："我希望你的威德遍及四海、总括九州，完成帝王大业，再用软轮小轿车召见我，这才算显扬我。"

孙权拍手欢笑。

这个时候的孙权，和鲁肃与他"榻上对"的时候，就完全不一样了。

81

这个时候他的眼光也更长远了，心胸也更宽大了，野心也更盛了，是真的做起帝王梦来了。

等到孙权终于称帝的那一天，他登临祭坛的时候，回头对各位大臣说："过去鲁肃常对我说到这件事，可见他真是明白天下大势啊！"

精要简析

鲁肃是被低估的智者，他有着清醒的头脑，对于天下大势有着明晰的认知。所以他对孙权的建议会和诸葛亮对刘备的建议有异曲同工之妙。

荀彧谏曹操深根固本，以制天下

奇智妙计

荀彧所提的建议，是基于当时的根本现实，既高瞻远瞩，又很接地气，对于曹操下一步行动有着明确的指导作用。

荀彧是第一个进入曹操阵营的名士。兴平元年（公元194年）十二月，徐州牧陶谦已死，曹操就想趁机夺徐州，再回军灭吕布。荀彧劝他："过去高祖保关中，光武据河内，皆深根固本以制天下，进足以胜敌，退足以坚守，故虽有困败而终济大业。"

他的意思是巩固兖州，先定天下之要地黄河、济水。如果贪一个徐州之地，舍吕布而东攻，战力必然分散。大本营这边兵留得多了，打徐州的兵力就少了，不够用；大本营这边兵留得少了，老百姓就得拿起武器，干起保卫城池的活计，那生计就不能维持，连打柴、拾草都没有人手。如果吕布趁机进攻，老百姓人心一散，兖州危矣。

再说了，曹操讨伐陶谦，徐州境内，所过之处，鸡犬不留，平民冤杀无数，"泗水为之不流"，徐州军民人心已失，此时曹操去打，肯定拼死力敌，到时候吕布把兖州也占了，徐州又攻打不下来，不就无家可归了吗？

曹操采纳了荀彧的意见，按捺下打徐州的热血冲动，抓紧时间，收麦割草，积存实力，然后打败吕布，从此兖州平定，成了曹操的发迹之地。

精要简析

所谓深根固本，以制天下，其实就是不争一时意气，而是埋头发展和壮大自己的实力。实力有了，臂膀粗了，就把其他对手的力量衬得弱小了，天下迟早可入彀中。在错综复杂的乱局中，能够保持冷静和理智，捋清轻重主次的脉络是很重要的。显然荀彧就有这样的头脑。

挟天子以令诸侯

奇智妙计

汉末乱世，群雄并起，一通乱战，都要拉拢有生力量，扩大自己的地盘，充实自己的实力。在这种情况下，能够把落魄的汉家天子拉到自己的阵营里面，就占住了大义的名分，可以打着忠臣良将的旗号，做好多大事。

建安元年（公元 196 年）七月，汉献帝刘协在杨奉、韩暹等人的护卫下，从长安返回京师洛阳。曹操就召人议论是否把汉献帝迎到许县。大多数人都说不可，因为杨奉、韩暹这些人一定会拼死反对的。

荀彧说怎么不行啊？曹公以前倡导义兵讨伐董卓的行动，心在王室，忠心可鉴，大家都看着呢；再说了，当年晋文公接纳因乱流亡的周襄王，因此美名远扬；刘邦为被项羽杀害的义帝发丧，万众归心，曹公完全可以仿效前人的故事。而且，这事要干，就得快，不然就晚了！

曹操听了他的话，就说许县有粮，天子可以心头不慌，以此为理由，到洛阳把天子迎到许县定都。

挟持汉献帝的事，董卓也干过，李傕、郭汜、杨奉、韩暹都干过，可是都鼠目寸光，干得不到位，只知道欺负皇帝，不知道皇帝的利用价值。袁绍手下的沮授也对袁绍献过此计，劝他迎大驾安宫邺都，挟天子以令诸侯，可惜袁绍眼光短浅，不明白这么办的好处，不肯用这个计策。

结果荀彧一说，曹操马上就下定了决心，因为他意识到了这一计策的实行对于自己的大业，会有多么积极、多么重大的战略意义。

曹操把皇帝迎到许县，大兴土木，建造宫室，设立宗庙社稷，皇帝开始临朝办公。

从此许县就成了许都。

投桃报李，皇帝刘协升了曹操做大将军，封武平侯。

曹操手下一干人众，全部得到分封：

封荀彧为侍中、尚书令；

封毛玠、任峻为典农中郎将，负责催督钱粮；

程昱为东平相，董昭为洛阳令；

夏侯惇、夏侯渊、曹洪、曹仁皆为将军；

乐进、李典、吕虔、子禁、徐晃皆为校尉；

许褚、典韦为都尉……

这才是背靠大树好乘凉。

皇帝来了，就把整个朝纲挪来了。皇帝的班底，就是曹操的班底。皇帝的金口玉言，就是曹操的金口玉言。

献帝下诏，责备袁绍，说他结党营私，不勤王事。袁绍就不敢不听，不敢不惊，上表辩护，说自己不是不勤王事云云。

此后，曹操名正言顺地四处出征，所到之处，皆奉王师之名。

然后，他又把自己大将军的职位请小皇帝封给讨封的袁绍，然后自己再上一层楼，被小皇帝封为大司空。

后来袁绍后悔，派郭图去劝说汉献帝迁到鄄城，曹操才不肯呢！

精要简析

挟天子以令诸侯其实就是打着大义的旗号做着有利于自己的事。这一策略的实质在于通过控制某种权威机构，来获取对其他地方的影响力和控制权。在历史上，许多政治家和军事指挥官都采取过这种策略，以实现国家的统一和地区的统治。

陈琳骂曹操，曹操用陈琳

奇智妙计

把一个痛骂自己的人招到自己麾下，为自己效力，会起到什么效果？当然会给天下人一个印象：自己是一个心胸宽广、不计前嫌、唯才是举的明主。于是天下有才者纷纷来归，自己的实力还能不大大扩充吗？

为了打曹操，袁绍专门让书记陈琳写了一道檄文《为袁绍檄豫州文》，把曹操骂得狗血淋头：

大司空曹操的爷爷曹腾，是从前的中常侍，和左悺、徐璜同时兴风作浪，骄横放纵，损害风化，虐待百姓。

曹操的父亲曹嵩，是曹腾收养的干儿子，借助曹腾的地位，乘坐金车玉辇，勾结权势，篡夺皇位，颠覆皇权。

曹操是宦官的后代，本来就没什么品德可言，他狡猾专横，喜欢制造动乱和灾祸。

陈琳骂他奸恶弄权：

放纵专行，住在宫内，玷污王宫。专制朝政，封爵、赏赐都由他一人说了算，判罪、诛杀都出自他一人之口。他喜欢谁，就让谁家的五族亲表都跟着沾光；他讨厌谁，就杀了谁的三族老少。谁敢公开议论他，他就在公开场合杀了人家；谁敢私下里议论他，他就秘密地杀了人家。人们走在路上，只敢远远地看一眼就当打招呼；文武百官，谁也不敢说话。尚书只是名义上主持朝会，公卿们只是名义上充当官职！

陈琳骂他发死人财：

前任太尉杨彪，历任司马、司徒、司空，位置极高，曹操因为小怨，就诬告他，棒打他，鞭笞他。

议郎赵彦，忠谏直言，曹操擅自逮捕他，杀了他。这事儿皇帝事先都不知道。

梁孝王是先帝的亲弟弟，他的陵墓都让曹操给挖了，棺材都被破坏了，尸体都暴露了，金银财宝都被偷走了。

曹操打徐州，部下烧人家的房子，挖人家的坟，牵连了梁孝王的陵墓，曹操知道也不过问。不但不过问，还成立所谓的发丘中郎将、摸金校尉，专门发死人财。他就是这么一个夏桀、商纣一样的东西，祸国殃民，毒害人鬼。

他制订苛捐杂税，搜刮民脂民膏，为防受害，到处设下陷阱，兖州、豫州的百姓动都不敢动，京都民怨沸腾。

翻遍古今书籍，上面记载的贪残虐烈无道的大臣，以曹操最厉害！

陈琳骂他想谋朝篡位：

曹操派七百精兵，围守皇宫，对外说保卫皇上，其实是拘禁皇上。大家洗干净眼睛看着吧，他不定什么时候就篡位了！

下面是赏格："能获得曹操人头的，封为五千户侯，赏钱五千万！"

曹操本来就有头风病，正头痛得死去活来，床都下不了，听人念完这道檄文，毛骨悚然，出了一身冷汗，头风顿愈，一跃而起，猛夸陈琳："写得好！"

建安九年（公元204年），曹操攻克邺城。

众将请曹操入城，曹操大笑，却见一个人被绑到跟前，原来是陈琳。

曹操连忙摆手："放开他，放开他。"

陈琳被放开。

曹操苦笑一声："你说你，当初给本初写檄文，你骂我就行了，干吗连我爷爷和我爹都骂了呢？"

左右劝曹操杀了陈琳，曹操一摆手，算了，他也是身不由己，来跟着我干吧。

从此，陈琳就跟在曹操左右，做了司空军师祭酒，和阮瑀一起管记室。

建安七子，陈琳占了其一。到现在，我们还能读到他的《饮马长城窟行》。

曹操此举，十足十地表明了他重视人才的态度，有才者还能不急着投靠他吗？

精要简析

人才永远是最紧缺的资源，所以曹操求才若渴。即使这个人才曾经把自己大骂一顿，但是不要紧，他有这一支利笔，收下他，就可以替自己占据舆论阵地。曹操的算盘打得很精，做法很明智。

隆中对，天下分

奇智妙计

诸葛亮很了解刘备的情况，刘备实力弱，没办法做到逐鹿中原一统天下，那么，他就为刘备做出了战略决策，使他以后的行动能够有明确而长远的目标。

刘备三访诸葛亮，以诚意打动卧龙先生，两个人进密室详谈。

诸葛亮先替此时还弱得谁都能捏一把的刘备制订出了行动总纲，此后刘备种种作为，皆是围绕着这个纲领来施行的。

总体方针就是避硬，欺软：

第一，不跟曹操争。此人兵多将广，又"挟天子以令诸侯"，惹他好比惹皇帝。

第二，不跟孙权争。孙权的老爹孙坚和老哥孙策已经替他把江东打理得根基稳固，他自己又能干，那边能人又多，占着天时、地利、人和，所以只适合当朋友，不适合做敌人。

第三，想办法夺荆州做根据地。荆州牧刘表没有本事，守不住。不过，最好巧取，不要豪夺，所以，等吧。机会总会来的，它也总是垂青有准备的人。除此而外，还有益州，沃野千里，物产丰富，而且刘璋软弱，也守不住。

拿下这两个地方之后，你这位"帝室之胄"就可以有一个自己的独立王国了。然后，抓紧时间充实力量，壮大自己，再联合孙权，一旦天下有变，"命一上将将荆州之军以向宛、洛，将军身率益州之众出于秦川"，两路大军一路进攻洛阳，一路进攻西安，霸业可成，汉室可兴。

说白了，就是一旦天下打成一锅粥，你就可以兵分两路，扫平天下，自己当皇帝了。

大纲制订出来了，展现在刘备面前的是一个三分天下的草图。刘备身边缺的就是有这份高瞻远瞩，能够把纷纭复杂的现状抽丝剥茧、条分缕析的能人，所以他对诸葛亮高兴地说："善！"

精要简析

想要做大事，必须有战略眼光，不着眼于一时一事一地一城之得失，而是要有在纷繁复杂的形势下看清局势的眼光。诸葛亮是有这个本事的，他的隆中对是一个高瞻远瞩的战略计划，为刘备的未来发展指明了方向。此后，刘备在诸葛亮的辅佐下，制订了各项政策和军事行动计划，逐步实现了三分天下的目标。

诸葛亮定法制法正

奇智妙计

　　诸葛亮是一个做事很讲究策略的人，既不一刀切，又不犯颜直谏，而是从根子上解决问题。《蜀科》一出，再对法正加以说服，他自然而然就会止了滥杀的毛病。

　　法正是一个很有个性的人。当初他在刘璋手下不受重用，备受同事排挤，所以投奔刘备，拿下益州后，他开始大肆报复，当年侮辱自己、毁谤自己的人，杀！而且还是亲手杀。手刃仇人！

　　一连杀了几个，有人看不下去了，去找诸葛亮，拜托他去跟刘备说说，让刘备劝劝法正，别这么干了。杀的人多了，大家害怕了，就和刘备离心离德了。

　　但是诸葛亮没有直接去找刘备说，因为知道刘备倚重法正，所以，他拉上法正、刘巴、李严、伊籍这些人，一起制定了一部专门针对蜀地的律法，名字叫《蜀科》，总的来说，就是强调治蜀要厉行法治，许多蜀人以前宽松惯了，特别不满，法正也尤其不满，因为他不能再随心所欲地找理由杀掉他不喜欢的人了。

　　于是法正就给诸葛亮写信抗议："过去高祖入关，约法三章，秦民感恩戴德。如今你们占了益州，刚有了这个地盘，还没有示恩呢，就要施行严刑峻法了，这样会使老百姓失望的，会失了民心的。"

　　诸葛亮给他回了一封信：

　　"你只知道事物的一方面，而不知道它的另一方面啊！秦王昏庸无道，刑罚严苛，导致百姓怨恨，陈胜、吴广揭竿而起。汉高祖刘邦吸取秦朝的教训，采取了宽大的措施，取得了成功。

　　"你因此认为益州今日当缓刑弛禁，这是不对的。

　　"因为当今益州已历刘焉、刘璋的两任统治，他们只靠一些表面的文书、法令来维持天下，养成了相互吹捧的恶习，导致德政不施、威严不肃。因此益州豪强胡作非为，君臣之道日渐废替。这样，用当官封爵的宽容办法来笼络他们，结果是：官位给高了，他们反而不觉得可贵；恩惠给多了，他们反而不知好歹。

　　"如今，我严明赏罚，法令一行，他们就会知道好歹；不滥封官加爵，官位升了，他们就会感到来之不易而珍视它。这样，赏罚并用，相辅相成，上下就有了秩序。治理国家的要领就体现于此。"

　　他这封信，不但是阐明自己的思想，而且有敲山震虎的意思：以前没有《蜀科》的时候，你还可以乱来，如今有了《蜀科》这部明律正典，你不好再乱来了啊，再乱来可是要触犯《蜀科》的。触犯了《蜀科》，是要负法律责任的。

　　法正从此就不再"擅杀"了——亲手制的刀，再死在这把刀下，会让人笑话。

精要简析

　　诸葛亮给法正的回信，是为《蜀科》背书的，有着很严谨的逻辑，阐述了当初汉高祖刘邦约法三章的必要之处，和如今需要实行严刑峻法的现实根基。一切都从实际出发，这是诸葛亮做事的基本原则。

贾诩一言，曹操立嗣

奇智妙计

立嗣一直是封建王朝传承赓续的大事，而建言立嗣对于大臣来说，更是会给自己带来风险。贾诩在这件事上做得很明智。第一，他不明着站队曹操任何一个儿子，绝不落人口实；第二，他并不明确对曹操提出自己支持哪一方，从而授人以柄。他只是举出事实和道理让曹操自己悟而已，而曹操也果真悟了。

贾诩投奔到曹操麾下，曹操之子曹丕是五官中郎将，而曹丕的弟弟曹植有才华并且名声远扬，两人各有势力，都有继承王位的实力。

曹丕让人问贾诩巩固自己地位的办法，贾诩说："希望将军宽宏大度，亲自体验普通士子的修业，朝朝夕夕，孜孜不倦，不违背人子之道。就是这些罢了。"

曹丕听从了他的意见，深深地自我修行。

曹操也曾支开左右人就此事询问贾诩，贾诩缄口不答。

曹操问："和你说话却不回答，为什么？"

贾诩说："属下正好在琢磨事情，所以没有回答。"

曹操好奇地问："琢磨什么呢？"

贾诩说："琢磨袁本初父子、刘景升父子。"

曹操大笑。

因为袁绍（袁本初）有三个儿子，本来应该立嫡立长，却因为宠爱幼子，导致三个儿子势同水火，打得不可开交，最终便宜了曹操，趁着三袁内乱，各个击破。

刘表（刘景升）也因为宠爱幼子，想要废长立幼，长子索性跑到外面领兵，不再参与权力中枢的争夺。曹操则威逼刘表幼子刘琮投降自己，断送刘氏基业。

曹操只听了贾诩一句话，就如同冰雪浇头，一下子清醒无比，当下就决定立长子曹丕为世子。

精要简析

提谏言是要讲方式方法的。如果一味地只顾陈述自己的想法，上位者很难听得进去；如果能够抓住上位者的"关节"，举出强有力的实例，上位者自然会拿自己和实例中的人物进行类比，由此就很容易使上位者的头脑清醒起来，做出正确的决定。

事有轻重缓急，于禁不辩御敌

奇智妙计

外敌当前，当然以御外为先，所以于禁即使明知道青州兵去向曹操告自己的状，他也先做好抵御外敌的准备。这一点就让曹操对他青眼有加，觉得他拎得清、靠得住。

当初黄巾军投降的时候，号称青州兵，曹操对他们很宽容，所以青州兵敢乘机抢掠。于禁便领兵声讨他们，责备他们的罪过。

青州兵很快跑到曹操那儿去告状。

于禁先设立营垒，没有按时去拜谒曹操，有人劝他说："青州兵已经告了你的状，你应该赶快去曹公那里解释。"

于禁说："现在敌人还在后面，指不定什么时候就会追来，不先防备，用什么来抵抗敌人呢？况且曹公明智，他们诬告我又有什么用！"

等到壕沟营垒都安排就绪，于禁才进去拜见曹操，把事情经过一一禀报。曹操很高兴，对于禁说："淯水的危难，已经使我惊慌失措。将军能在混乱当中整顿军队，责讨抢掠的暴行，安营筑垒，坚守阵地，有不可动摇之节操。即使是古代的名将，也不可能做得更好！"

于是曹操命人记录于禁前后的功劳，封他为益寿亭侯。

精要简析

于禁之所以不辩，一方面是外敌当前，另一方面是他认为曹操不是那种不问青红皂白，一味偏袒亲信的主公。事实证明他做对了，既在曹操面前给自己加了印象分，又侧面称赞了曹操，让曹操十分高兴，给他封侯。

于禁斩昌豨，不赦好友

奇智妙计

于禁斩好友昌豨，一方面是他坚持法度，另一方面是向曹操证明自己的忠诚。如果他不斩昌豨，曹操多疑，必会对他的印象大打折扣，以后不定会有什么祸事。

官渡之战后，于禁奉命平定昌豨叛乱。

于禁急行军攻击昌豨，昌豨同于禁过去有交情，所以找到于禁投降了。

众将军都认为昌豨已经投降，应该送他到曹操那儿，于禁说："你们不知道曹公一贯的命令吗？被围以后投降的不赦。奉行法律，遵守命令，这是下对上的大节，昌豨虽然是我过去的朋友，但我于禁难道会因此而失节吗？"

于是于禁亲自到昌豨那里与他诀别，流着泪将他斩首了。

当时曹操在淳于驻军，听说后叹息说："昌豨不到我这儿投降，而去找于禁，这不是命中注定要死了吗？"

从此曹操更加器重于禁。

于禁杀昌豨，是敲山震虎，是杀鸡儆猴，是杀一儆百，是替曹操警告那些地方豪强、武装势力，跟着曹公有肉吃，不跟着曹公，就要你们的命！所以曹操才对于禁越加器重。

精要简析

曹操虽然哀叹昌豨降错了人，丢了性命，但是话虽如此，实际上曹操更加器重于禁，说明于禁做得好，做得对，做得正合他的心思。所以他才会越发爱重于禁。光明正大地将昔日的好友斩首，要的不就是这个效果吗？

曹丕隐诛于禁

奇智妙计

魏将于禁在与关羽的对战中大败，同僚庞德不降而死，于禁投降保全性命，后来落于东吴之手，备受欺凌。被送回魏军后，又被曹丕明褒暗贬，画里藏讥，于禁终于受不了，一命呜呼。

于禁作为曹营降将，原本投降关羽，关羽败给东吴后，这个降将又落入孙权之手。

降将处处被人看不起。孙权带着于禁骑马并行，孙权手下的虞翻就敢当面呵斥他："你一降虏，怎么敢跟我们的君上齐头并进！"要不是孙权呵止，于禁当场就得被虞翻拿马鞭子抽翻在地。

再有一回，孙权带人在船上听着音乐喝酒，于禁不知道听了什么，流起泪来，估计是平时心中郁闷，极易触景生情所致，结果虞翻又骂他："你干吗？假哭啊？想求主上赦免你啊？"……

后来，孙权和曹魏讲和了，要把于禁还回去，虞翻还不依不饶地一定要孙权斩了他："于禁率领的数万士兵战败，他身为降虏，又不能以身殉节，按照北边的军政习惯，即使得回了于禁，也一定不会重用他。虽然放了于禁对吴国没什么损失，但依旧像放盗贼回山，不如斩了于禁用来震慑三军，警示那些有二心的臣子。"那意思就是把于禁当只大公鸡一样宰了，让那些有二心的臣子们（猴子们）看看，看他们以后敢不敢随便投降敌人！

孙权不听，送还于禁，虞翻又对于禁说："你可别觉得咱吴国没人啊，是我的计谋没有被采纳。要是采纳了，你就死了！"

于禁在东吴这边，脸皮都像树皮一样，被人剥光削尽了！待他好容易回到故土，已经"须发皓白，形容憔悴"。

曹丕表面上善待于禁，还给他的投降找理由；内里，他却操起了杀人的软刀子。

于禁从吴国被放回来，被封了将军，然后又派到吴国当使臣，这已经足够让人难堪；结果曹丕又安排他拜谒曹操陵墓，故主已逝，本无颜面见，又被逼着拜他的坟墓，这种难堪更上了一层楼；然后于禁到了墓前一看，陵墓的壁画上画的是什么？

关羽水淹七军，庞德瞋目不降，于禁屈膝跪降！

这就叫诛心。

于禁从高陵回来，不久羞惭而死——曹丕是"隐诛"的高手。一幅画就要了于禁的命。

精要简析

曹丕虽然接纳了降将于禁，但不代表他原谅了于禁。他想让于禁死，但是又不想明着杀了他，于是就先派他去东吴出使，尽情折辱，又让他在曹操陵墓看到自己跪降的画，但凡有一点自尊心的人，都受不了这个。果然于禁不久即羞惭而死。用一幅画杀死一个人，做得光明正大，不落痕迹，内里却藏着锋利的软刀子。

曹冲妙计救库吏

奇智妙计

曹冲不只是聪明，更值得称道的是他的聪明中透着仁慈，仁慈又讲究方式方法。他并没有直白地去为没有保管好衣服的库吏说情，而是采取同类对比的做法，让曹操由自己的"遭遇"，自然而然地联想到库吏也是老鼠的受害者，从而原谅库吏的过失。

曹操之子曹冲，字仓舒，少年时就敏于观察，十分聪慧。《魏书》上说他："冲每见当刑者，辄探睹其冤枉之情而微理之。及勤劳之吏，以过误触罪，常为太祖陈说，宜宽宥之。辨察仁爱，与性俱生。"意思是曹冲每次见到将要受刑的人，都尽可能地寻找他们被冤枉的证据，或者从情理角度考虑，尽可能减免其刑罚。那些勤劳的官吏中，因过失触犯刑律的，曹冲常常在曹操面前陈述事理，宽恕他们的罪责。曹冲的明辨事理与宽厚仁爱，是与生就有的。

当时军队事务繁多，施用刑罚又严又重。曹操的马鞍在仓库里被老鼠啃啮，管理仓库的库吏害怕会被处死，琢磨想要反绑双手去自首，但仍然惧怕不能免罪。

曹冲对他说："你先等待三天，然后再去自首。"曹冲于是拿刀戳穿自己的单衣，就像老鼠啃啮的一样，他装作不乐意，脸上一副发愁的样子。

曹操问他，曹冲回答说："民间风俗认为老鼠咬了衣服，主人就会不吉利。现在我的单衣被咬了，所以很难过。"

曹操宽慰他："那是瞎说，用不着苦恼。"

不久库吏把老鼠咬破马鞍的事情汇报了，曹操笑着说："我儿子的衣服就在身边，尚且被咬，何况是挂在柱子上的马鞍呢？"曹操一点也没责备库吏。

建安十三年（公元208年），曹冲十三岁时得了病，病得很重，曹操亲自为他向天请求保全生命。到了曹冲死去时，曹操极为哀痛。《魏略》里面记载道，魏文帝曹丕常说："孝廉长兄，自当继位。但要是仓舒还在，我也当不了皇帝。"

精要简析

怎样为一个犯了错的人说情？看看曹冲是怎么做的。首先，这个人并不是没有尽忠职守，而是防无可防。其次，要讲究方式方法，让曹操自己得出此人无罪的结论才行。曹冲拿自己做例子，果然让曹操宽赦了库吏。

满宠围魏救赵，不救庐江

奇智妙计

满宠不救庐江，是真的不救吗？他知道庐江兵强马壮，所以才放下心来去抄吴军的后路，来个围魏救赵，让东吴不得不撤兵。

东吴大将军陆逊领兵，进攻魏国的庐江。魏国的朝臣建议派兵救援，满宠却说，别看庐江这个地方小，是个小城，守将却强悍得很，守兵也精良强壮，以一当十。就算陆逊围攻，咱们现在不去救，扛一阵子也没问题。

他又说：东吴的军队是水军，离了战船，深入陆地两百里，又没有后续部队，他们就算是入了虎口狼窝。他们不来我还想诱他们来呢，让他们来！保管让他们有来无回！

然后满宠率军急行至杨宜口，要截断东吴军队的归路，来个瓮中捉鳖。这下子搞得陆逊没办法，与其攻个小城，自己被人家包围，不如退兵为上。结果连夜就撤退了。

精要简析

满宠的思路很清晰，可谓知己知彼。既知道庐江无忧，又知道东吴的劣势，所以才能够做出正确的应对。他的军队往东吴归路那里明晃晃一摆，东吴马上就得撤军自保为上。

简雍谬论类比谏刘备

奇智妙计

用看得见的谬论来类比看不见的谬论，既形象又生动，特别容易被人接受，不失为劝谏的好方法。

简雍从小和刘备有旧交，一直跟随在刘备的左右，被任命为昭德将军。

当时，天气大旱，粮食大幅减产。为了节省粮食，刘备下令禁酒，酿酒的人要被判刑。

政令是好的，但是被下面的人给执行歪了。有官吏从有的人家里搜出酿酒器具，于是审理这个案子的人打算把拥有酿酒器具的人和造酒的人一同处罚。

简雍虽然想提意见，但是也要讲究方式方法，否则不但起不到正向效果，还有可能祸及自身。

这天，他跟着刘备去道观游玩，看到一个男子在路上行走，简雍就指着他跟刘备告状："那人想要犯淫罪，为什么不把他绑起来？"

刘备很惊奇："你怎么知道的？"

简雍郑重其事地回答："他有淫乱的器官啊，所以他一定是想要犯淫罪。就像家里有酿酒的器具，就一定会酿酒一样。"

刘备一听大笑，就免除了因为家里有酿酒器具的人的刑罚。

精要简析

从逻辑上来说，就好比要禁止杀人，就要把家里有菜刀的人和用菜刀杀人的人一起处罚一样。这简直毫无道理。偏偏刘备没有意识到这个问题，执行禁酒令的人把有酿酒器具的人也一起处罚了，还自以为是有法从严。在这种情况下，简雍用类比的法子，让刘备意识到了执行者的荒谬之处。

高句丽送鱼粮解围

奇智妙计

这个高句丽王应对围城之事，做法很聪明。他就那么大大方方地给辽东太守送鱼粮，显示自己粮草无忧，果然骗过了对方，让对方撤兵了。

东汉建武四年（公元28年），辽东郡太守发兵讨伐高句丽。这个高句丽的王叫大武神王，他退守王城，被围困三个月，眼看吃的都快没了，就要给困死了。正在大家一筹莫展之际，大武神王派人去捉了些活鲤鱼并用荷叶包好，再加上王城内仅剩的几桶酒，一起送给围城的辽东大军，营造出城内水源充足、粮草丰盛的假象。

大武神王对辽东太守说："你们远道征伐，也蛮辛苦的。这样吧，我们这里有喝不完的美酒和吃不完的鲤鱼，送给你们吃吧，当是慰劳你们啦！"

太守见到酒和新鲜的鲤鱼，认定城内粮草充足，自己的人马跟他们耗不起，于是就退兵了。

精要简析

越是困境之中，越是要冷静应对。这个高句丽王就死撑着一口气，摆出自家不怕围城的样子，还送了美酒、鲤鱼给围城的辽东大军，以此来迷惑他们，这样做虽然存在一定的风险，但在当时的情况下，反而收获奇效。

上屋抽梯，诸葛亮智救刘琦

奇智妙计

诸葛亮给陷入困境、有性命之危的刘琦出的主意，就是远远地躲出去，让后母鞭长莫及，无法加害自己。这是一个很光明正大的主意，刘琦照做，可以给刘表的幼子腾出地盘，自己也能保住性命，算得上两全其美。

刘表有两个儿子，大儿子刘琦，小儿子刘琮。这两个儿子都是刘表的原配发妻生的，刘表喜欢大儿子，刘表的后妻却喜欢小儿子，因为她把娘家侄女许配给刘琮了。

本来是长幼有序，立长立嫡，结果刘表因为枕头风，开始不待见大儿子，只宠爱小儿子。

长子刘琦就十分紧张，生怕自己小命不保，于是向诸葛亮问计。

诸葛亮却不肯帮他。

刘表的后妻是诸葛亮妻子的姨母，所以诸葛亮很难说话，刘琦和刘琮都叫他姐夫，他帮谁合适？再说刘表的后妻是偏向刘琮的，他帮着刘琦出主意，那还不得罪妻子的娘家人？

再说了，他既然是刘备的人，而刘备现在又是刘表的人，他也就是刘表帐下的人，而刘表又偏爱幼子，他一出主意，那肯定连刘表也得罪了。

所以最好的原则就是不偏不倚，谁也不理。任凭刘琮那帮人闹得欢，他冷眼看着就是，反正他知道刘表没有大本事，刘琮也没有大本事，荆州嘛，迟早得归了刘备。

刘琦为自己的性命着想，就想出一个主意——请诸葛亮喝酒。

先请他到园子里，再请他到楼上，到了楼上，自然是屏退众人，然后命人把梯子撤了。这下子，诸葛亮又不会武功，想下都下不去了。

然后刘琦再哀求诸葛亮，跪下来，拉着诸葛亮的衣服，求他出个保命良策。这计策诸葛亮说出来，他听进去，旁边没有第三只耳朵、第三张嘴。所以，就请诸葛亮说吧，救救他吧。

诸葛亮就说了，说什么呢？说故事。

故事发生在春秋时期。

晋献公的妃子骊姬想谋害晋献公的两个儿子：申生和重耳。申生是太子，骊姬想让晋献公立她生的儿子奚齐为太子。

重耳聪明，知道骊姬没安好心，就逃亡到了国外，让她抓不着。

申生这个人太厚道了，不肯走，要孝顺和侍奉他爹。

有一天，申生派人给晋献公送了一些吃的东西，那自然是珍稀美味，不然怎么会送给自己的爹吃。结果骊姬这个女人就把东西换了，换成有毒的。然后晋献公要吃的时候，骊姬就说，这饮食是从外面送来的，不保险，还是让人试试有没有毒吧。

晋献公对骊姬言听计从，就命人试菜，结果一尝，试菜的人被毒死了，晋献公大怒，大骂申生不孝，阴谋杀父夺位，决定要杀了这个逆子。申生听了，也不申辩，事实上也申辩不清，干脆自刎身亡。

重耳后来回国，成了晋文公。

诸葛亮对刘琦说："申生在内而亡，重耳在外而安。"

刘琦很聪明，马上明白了诸葛亮话里的意思，正好，江夏太守黄祖被孙权杀了，刘琦就去找他爹，说我去做江夏太守。刘表批准，刘琦就带了一万人到了江夏，避开了后母，让她鞭长莫及，终于免遭陷害。

这就是三十六计中"上屋抽梯"的典故。

精要简析

一出"上屋抽梯"，逼出了诸葛亮一出妙计，既保全了刘琦，而且刘琦带走的一万兵马，在后来的赤壁之战中，当了刘备一半的本钱：刘备总共只有两万人，一万是关羽的水军，一万就是刘琦带走的军队。

法正献计，刘备成汉中王

奇智妙计

法正是看透了曹操阵营的实力，在此基础上，向刘备提的战略层面的建议，果然被刘备采纳，助刘备成为汉中王。

建安二十二年（公元 217 年），法正劝刘备：

"曹操一战就降伏张鲁，平定汉中，但他没有乘此破竹之势而进取巴、蜀，却留下夏侯渊、张郃镇守汉中，自己率军北还，这样做并非他智谋不行，兵力不足，必定是自己内部有忧患迫使他这样。

"现在分析夏侯渊、张郃的才干谋略，并无比我国将帅高明之处，如果我们举兵征伐，一定能取得成功。

"取胜之后，可以在那里大力发展生产，广积粮食，寻找时机出兵进击，这样上可以消灭敌寇、安辅汉室，中可以蚕食占取雍、凉二州，开拓疆土，下可以固守险要，为长远割据一方之计。这大概是上天有意赐予我们的良机，机不可失！"

刘备十分赞同法正的计策，于是率领诸将领兵挺进汉中。曹操正领兵西征乌丸，听到刘备率军攻打汉中的消息，说："我本来算定刘玄德想不到这步棋，一定是人家教他的。"

此后，曹操带兵亲征，虽然兵力呈压倒性优势，可是刘备根本不和他正面打，耗也耗得死他。没办法，曹操不得已回军，刘备这才占据了汉中，当上了汉中王。法正也受封成了尚书令、护军将军。

精要简析

身为谋士，必定要知己知彼。法正能够推断出曹操退兵的理由，能够计算出曹操阵营的实力，从而向刘备提出趁机而进的策略，显示出他高超的知人、知兵能力。

曹操"千金市马骨"

奇智妙计

想要让自己的政策得到施行，就要找到一个好榜样。曹操就找到了一个好榜样：堂而皇之地重用一个痛骂过自己的人，这样一来，人才还不纷至沓来吗？

公元 205 年，郭嘉建议曹操多招名士，收附民心，曹操也听了他的话，而且还做得十分到位。在"陈琳骂曹操，曹操用陈琳"这篇前文中有提到，陈琳曾经替袁绍写过一道《为袁绍檄豫州文》，他在檄文里把曹操大骂了一顿，先骂他爷爷和他爹：

"司空曹操祖父中常侍腾，与左悺、徐璜并作妖孽，饕餮放横，伤化虐民。父嵩，乞匄携养，因赃假位，舆金辇璧，输货权门，窃盗鼎司，倾覆重器。操赘阉遗丑，本无懿德，僄狡锋侠，好乱乐祸。"

意思就是曹操的爷爷曹腾是个宦官，跟十常侍张让之流一样，都是祸国殃民的货色；又说曹操的爹曹嵩原姓夏侯，被曹腾收为养子，是个不知来历的货色——在那个格外讲究门阀出身的时代，这话骂得可真是厉害，有如剥皮拆骨。

而且陈琳连曹操"置发丘中郎将、摸金校尉"的龌龊事也给骂出来

105

了，就是在骂曹操是个特大号的盗墓贼。

就这，曹操都不计前嫌，破袁绍后，重用了陈琳，起到了"千金市马骨"的奇效。

"千金市马骨"说的是古代有个国君爱马，为得良骑，许诺千金。可是千里马太难找了，三年过去，连根马毛也没见着。

一个大臣就自告奋勇，揽下这个任务，然后向天下百姓重金悬赏：只要有提供千里马消息的，就赏五百金；直接贡献千里马的，赏金千两！

几天后，就有人报告说找到千里马了。结果那大臣跑过去一看，嗨，是一匹死马！那原主人哪知道这是一匹千里马，叫它吃杂粮、干粗活，把千里马活活累死了。

大臣仍然给了那个提供消息的老百姓五百金，然后把死马运回皇宫。国君很生气，说他败家，办事不力，弄了一匹死马回来！

大臣说："大王先别生气，千里马死了，大王都愿意花五百金买回一具马骨，何况活着的千里马呢？这个消息一定会传得飞快，大王愿重金购千里马的决心也会流布四海，大王重信用的美名也会流布四海。你就瞧好吧，很快就能得到千里马了！"

果然，以前他三年也没见着一根千里马的毛，如今一年不到，就有三匹千里马被牵到他的面前。

精要简析

俗话说，卖金的要撞着买金的。郭嘉的这个建议意义重大，曹操广纳谏的胸怀也很大，所以起到的效果才这样大。

诸葛亮增灶退兵

奇智妙计

要退兵，反而增灶，给敌人一个感觉：这不是要退兵，而是要增兵进攻。这样一来，对手心中生疑，就会迟疑不进，就给了自己稳稳退兵的时间，免得对方追击。

诸葛亮打陈仓不成，只好下令退兵。

但退兵是一个要求极高的技术活，一旦退得不好，就容易形成溃散之势。

《三国演义》里是这样写诸葛亮退兵的：

"吾今退军，可分五路而退。今日先退此营，假如营内一千兵，却掘二千灶，明日掘三千灶，后日掘四千灶：每日退军，添灶而行。"

杨仪曰："昔孙膑擒庞涓，用添兵减灶之法而取胜；今丞相退兵，何故增灶？"

孔明曰："司马懿善能用兵，知吾兵退，必然追赶；心中疑吾有伏兵，定于旧营内数灶；见每日增灶，兵又不知退与不退，则疑而不敢追。吾徐徐而退，自无损兵之患。"

结果魏将王双还想追击蜀军，他追上诸葛亮，结果诸葛亮一霎时前军变后军，后军变前军，一声令下，大举进攻，魏军被破，王双被斩。

诸葛亮从容退回汉中。

精要简析

添兵减灶和退兵增灶是一样的道理，都是要使敌人产生错觉，从而误判形势。我的灶增加了，全看你怎么想；我的灶减少了，也全看你怎么想。只要你相信了增灶或是减灶就意味着增兵或是减兵，那么，你就落入彀中。

107

曹操割发代首，以身作则明法纪

奇智妙计

曹操以割发代首的举动，维护了律法的严明，让大家越发不敢有逾矩行为，彰显了自己令出必行、有法必依的原则。

建安三年（公元 198 年），曹操再征张绣。

此前，他曾经下令，士兵不许践踏麦田，犯者死罪。所以经过麦地的时候，骑兵都下了马，一个接一个弯腰扶麦，小心翼翼地通过。毕竟一个不小心就是死，太吓人了。

结果曹操的马偏偏一个蹶子撂到麦田里了，马背上坐着一军主帅。这可咋办？言出法随，曹操自己也不能例外。

于是曹操一本正经地让主簿议自己的罪，主簿一脸懵：这可太难了。依法就得判个死罪，可主公要是死了，留下我们这群人算干吗的？

想了想，主簿说："嗯，这个，春秋之义，罚不加于尊，所以，主公，那个，无罪，咳。"

曹操说："这怎么行！我自己立法犯法，下边人谁还听我的？不过，唉，孤是一军主帅，又不能自杀，干脆，我自我处罚吧。"

曹操把宝剑一挥，割了一绺头发撂到地上，算是以发代首，削了一回首级。

那时候的人讲究身体发肤，受之父母，不可轻易毁伤，所以那时候有髡刑，就是专门把人剃成秃子，当成刑罚。曹操割发代首，也说得过去。

士兵们于是更小心了，因为主帅自己犯法都不饶恕啊。

这就是以身作则。

曹操的势力一天比一天大，这和他的领导才能是分不开的。

他在治军方面，颁布各种《军令》和《战令》，对行军、作战、扎营、保护农作物甚至连喝山水会拉肚子之类，均事无巨细，都做了具体规定。做对了怎么赏，做错了如何罚，都条款分明。

精要简析

曹操把一件对自己不利的举动，通过割发代首的行为，变成一场普法、遵纪守法的教育宣传，让大家都看看自己是怎么做的，然后再反思一番，律令在前，他们应该怎么办。这就是曹操的高明之处。

曹操恤死，免将士后顾之忧

奇智妙计

曹操下令优抚死去将士的家属，单这一条，就在昭告天下人，曹操厚待将士，同时也实际免除了将士的后顾之忧，如此一来，岂能不大收人心，极大地提高战斗力呢！

建安十四年（公元 209 年）三月，曹操进军到了谯县，制造快船，操习水军。

七月间，曹军从涡水进入淮河，经过淝水，在合肥住下。

八月二十四日，曹操下令说："最近几年来，军队多次远征，官兵都有死亡，有时还遇到瘟疫，不能再回家乡，夫妻难以团聚，百姓流离失所，这难道是仁爱之人愿意看到的吗？是不得已才这样做。

"特此命令：凡是死的士兵家中没有产业，难以维持生活的，朝廷不得停止供应食粮，官吏必须慰问救济他们，这才合我心意。"

只此一条，就免除了效死兵士的后顾之忧，极大地提高了曹操军队的战斗力。

精要简析

曹操没有把士兵当作一次性消耗品，就像用来烧火的干柴一样，烧成灰烬后便扔了，而是把士兵真正当成人来看，替他们料理好身后事，这样才能够获得军心，使得军队战损有补充，战场上将士肯拼命、敢拼命。

曹操不设门槛，唯才是举

奇智妙计

历来做大事的人，是离不了各种人才的支撑的。任何时代最紧俏的"物资"，都是人才。所以曹操才会大张旗鼓地发布求贤令。而且求贤令的条件十分宽泛，唯才是举。这对于天下怀才不遇的人来说，好比久旱逢甘霖，敢不投来帐下而效死力者乎？

建安十五年（公元 210 年）春天，曹操颁布命令：

"自古以来，凡是开国和中兴的君主，无不靠贤人君子帮助共治天下！君主得到贤才，足不出巷，这难道是侥幸碰上的吗？是高高在上的执政者不断去寻访罢了。

"如今天下还未平定，正是需要贤才的时候。

"孔子说：'孟公绰做赵、魏两家的家臣之首，是绰绰有余的，却不能做滕、薛这两个小国的大夫。'

"假如一定要廉洁之士才能任用，那齐桓公怎能称霸天下呢？难道现在天下就真没有像吕尚那样富有才华却穿着破衣服在渭水边垂钓的人吗？

"又有没有像陈平那样被诬与嫂子私通、接受贿赂却还没有遇到伯乐的人才呢？

"各位一定要帮我明察举荐出身低微的有才之士，只要有才就举荐，使我能够重用他们。"

一道求贤令，亮明车马：只要有才，不论贫富，不论道德，唯才是举。唯有如此，曹操麾下才能人才济济。

精要简析

曹操求贤不设门槛，只有这样，才会使天下英才纷纷投其帐下。这比各种条条框框限制起来的所谓求贤，要高明得多。

养布如养鹰，不能让吃饱

奇智妙计

陈登和曹操把吕布摆了一道，居然还能把吕布的怒气给抹平了，这就是陈登说话的艺术。他转述曹操的话，说养吕布如养鹰，不能让吃饱。这话既说中了吕布的特性，也夸他勇猛，说到了他的心坎里，所以他不但不生气，反而很开心。

吕布这人太勇猛了，袁术也想收服他，让他为自己所用，所以就替自己的儿子向吕布的女儿求婚。吕布也同意了，袁术就让韩胤为使节，向吕布正式转达他将更换年号、登基称帝的事情，同时也要接吕布的女儿去跟自己的儿子完婚。

沛相陈珪游说吕布："曹公奉迎天子，辅佐朝政，征讨八方，威震四海，将军应与他合作，以取得天下安宁。如果将军与袁术成了亲家，将会担上不义之人的罪名，那样形势就对将军不利了。"

于是吕布就把已经跟随韩胤上路的女儿追了回来，还把韩胤披枷戴锁，斩首示众。

这时候，曹操的使者来了，传天子令，任命吕布为左将军。吕布大喜，让陈登启程，向天子谢恩。

陈登本来就是曹操的人，还是陈珪的儿子，他对曹操说了吕布一堆的坏话，比如有勇无谋，反复无常，总之，希望曹操早日除掉他。曹操就把陈登任命为广陵太守，把那一方的任务交给他，让他私下分化吕布的队伍，为自己做内应。

开始吕布其实是想让陈登替他求官的，他想当徐州刺史，结果陈登没给求回来，他就生气了，这不明摆着鸡飞蛋打吗！

陈登不慌不忙地说出了下面这番话："我见曹公时说：'对待将军，要像对待猛虎，应当让他吃饱，如果吃不饱，他会吃人的。'结果曹公却说：'并不像你说的那样，而更像养鹰，饿时可以利用，而当他吃饱了，却会自顾飞去。'"

听了陈登的话，吕布的怒气居然平息了。

精要简析

陈登是把曹操对待吕布的态度光明正大地讲了出来，反而更激励吕布。因为他是勇士，勇士最喜欢别人夸他勇敢，说他是猛虎他高兴，说他是饿鹰他也高兴，而曹公把他当成雄鹰看待，虽然官没有当上，但是虚荣心得到了极大的满足。

贾诩叛段煨，家人得善养

奇智妙计

贾诩实在大胆，不但"背叛"了段煨，还大剌剌地把家小扔给段煨，让他替自己养着。这不是他莽撞，而是他把握透了人心。

贾诩跟着同乡段煨混的时候，并不得志，于是就改投张绣。

张绣这时在南阳，贾诩暗中和他联系，张绣派人迎接贾诩。

贾诩将要出发时，有人问他："段煨对你很优厚，你为何要离去呢？"

贾诩说："段煨生性多疑，对我有猜忌，礼节虽然周到，却不可靠，时间一长就会被他算计。我离开后，他一定很高兴，又希望我在外面为他联络强有力的援兵，必定会厚待我的家小。张绣没有主要的谋臣，也愿意得到我，这样我的家庭和人身都能保全。"

果然，贾诩到了张绣这里，得到张绣的礼待，而段煨也果然好生照顾贾诩的家眷。

精要简析

贾诩就这么光明正大地"叛逃"。他之所以把家小扔给段煨，是拿准段煨想要靠他为自己联络援兵；贾诩之所以敢把自己托付给张绣，是因为张绣手边没有得用的谋臣。这样一来，他和他的家人就都能够保全。

钟繇借势求援，大败袁绍

奇智妙计

　　钟繇在袁绍军队的威逼之下，不但不跑，而且还利用朝廷名义命令关右诸侯马腾和韩遂出兵来援，这是典型的借势。关键是因为表现得理直气壮，果然援军至，破袁绍军队。

　　曹操跟袁绍在官渡作战，钟繇坐镇长安，把守关中。

　　当时袁绍命部将郭援分出兵力，进攻河东，郭援兵多，关中的将领就商量着要跑，关中不要了，向咱们的主帅曹操靠拢。

　　钟繇不肯，他说："不行，现在关右的诸侯马腾和韩遂正在观望，没有骚扰咱们，是因为害怕我的威名。要是我现在一跑，他们就知道咱们心虚害怕，一定会来个趁火打劫，联合袁绍一起打咱们，那后果可不堪设想。所以我要利用朝廷的名义，命令他们出兵援手。使者的话要说得厉害些，叫他们摸不清咱们的深浅。"

　　果然，在使臣张既的游说之下，马腾派马超带着关西一万铁骑在河东一战，大破郭援，曹操的侧翼才得稳定。

精要简析

　　这种打着朝廷名义征来援兵的举动，不但消解了腹背受敌的危机，还大败袁绍，一举两得。钟繇不但勇猛，而且多智。

曹操烧信安人心

奇智妙计

　　曹操大胜之下，并没有大肆清算与袁绍有过书信往来的人，而是及早地烧掉犯忌讳的信件以稳定人心，这是很难得的。

　　建安五年（公元 200 年），曹操和袁绍的官渡之战正式落下帷幕。袁绍被曹操打败，一路逃跑。因为跑得急，许多文书根本来不及处理。不少朝中官员和军中将领给袁绍的私信都被翻出来。

　　侍从建议："把这些人找出来，都杀了！"

　　曹操摆手："算了。当初袁绍势力大，我都不能自保，何况别人。把这些信件都烧了，别再提起。"

　　曹操阵营顿时人心大定。

精要简析

　　曹操安定人心很有一套。他这一烧信，一方面，稳定了自己阵营的人心，另一方面，也向人们表明自己有着宽广的胸怀，既往不咎，给天下人传递出一个良好的信号，可以吸引更多人前来投奔。

郭嘉谏曹操虚国远征

奇智妙计

　　郭嘉谏曹操虚国远征不是单纯的行险，他是摆事实、讲道理，一点点地把利弊之处都讲得清楚明白，使曹操认识到了这次冒险行动的巨大收益。

　　公元 207 年，袁绍的小儿子袁尚逃到乌桓，大家都不赞成曹操远征。一方面，关外的胡人秉性贪婪，不讲信义，不会支持袁尚，他跑那儿去也没用；另一方面，再远征的话，刘备一定会挑拨刘表袭击许昌，大本营就有危险。

　　郭嘉却持反对意见，说："胡人觉得自己地处偏远，咱们轻易不会攻打他们，所以他们必定没有防备，如果来个突然袭击，一定能够把他们消灭。再说了，虽然胡人不讲信义，但袁绍对胡人可是有恩的，袁尚是他的儿子，在胡人中也必然有威望。虽然袁绍死了，袁家在胡人中还是有着巨大的影响，如果任由袁尚在那里发展自己的力量，胡人也听他调遣，以前的旧臣也响应他的召唤，老百姓都听他的号令，咱们的后方可就岌岌不稳了。

　　"再说刘备这方面，就算他想要怂恿刘表，刘表这家伙只知空谈，又对刘备心生防备，刘备不管说什么，他也不会听，所以这一点大可放心。

　　"当然了，咱们这一趟也确实冒着不小的风险，所谓'虚国远征'，不过，所获取的收益也是蛮大的。如果得胜，就可以一劳永逸，永绝后患。"

　　于是曹操听从了郭嘉的建议，进兵辽东。然后在路上再听从郭嘉的建议，留下辎重，轻兵速进，行小路奇袭柳城，敌军仓促应战，乌桓大败，袁尚再次逃亡。

精要简析

郭嘉用计，用的其实不是奇谋险计，而是基于事实基础上的阳谋。他针对众人提出的理由，有理有据地进行推导，最终推导出一个"值得虚国远征"的结论。

曹操坐山观恶虎斗群狼

奇智妙计

曹操深谙人心，所以他不把人逼急，故意给人留出内斗的空间。这样一来，只需隔岸观火，便能稳赢。

袁绍死后，他的两个儿子袁熙、袁尚逃亡辽东，执掌辽东的公孙康感觉两难：

收留他们吧，会得罪曹操；万一曹操想灭辽东，他又想借助这两兄弟的力量抵抗。

弟弟公孙恭建议他先打听曹操的动向，然后再做决定。

这边有人建议曹操追击，曹操说："不必，我等着公孙康送来袁熙、袁尚的人头。"

于是班师回朝。

公孙康那边派出的细作几天后发来消息，说曹操按兵不动，于是公孙康杀了袁氏兄弟，把他们的首级送给曹操，递上降表，向曹操俯首称臣：曹操得到了公孙家族名义上的效忠，不必为了面子出兵苦寒之地；公孙家族得到了安宁，不必面对战争。

将领们收到袁熙、袁尚的人头，都十分惊奇，问曹操："丞相怎么知道我们撤退之后，公孙康会处决袁熙、袁尚？"

曹操说："公孙康一向畏惧袁熙、袁尚，我们如果一味急进，把他们逼急了，他们不得不抱团反抗；只要我们稍微放松，恶虎和群狼之间，还能有什么结局？"

精要简析

外敌当前，内部自然就会紧密团结。而隔岸观火之计，要的就是给对手留出足够的空间，使得内斗之火可以愈燃愈烈，最终土崩瓦解。

贾逵釜底抽薪，维稳青州兵

奇智妙计

曹操一死，青州兵乱。青州兵虽是一支强兵，但是旧主已死，新主未立，如果强留下来，落在有能力争位的人手里，必定会引发战乱，血雨腥风。所以贾逵干脆顺势而行之，来了个釜底抽薪，消除了可能出现的乱局。

曹操死后，又出现变局。

曹丕坐镇邺城，而曹操的遗诏命曹彰由戍守的关中赶回洛阳。

魏王印绶究竟花落谁家？

而且，曹操一死，青州兵也出现哗变，请求解散，要回乡种田。

黄巾起义时，臧霸从属陶谦，后来收兵于徐州，自成一方霸主。曹操讨伐吕布时，臧霸等曾带兵支援吕布。吕布被擒后，臧霸藏匿起来，后来被曹操搜出，曹操不但没杀臧霸，还委任臧霸为琅琊相，割青、徐二州给臧霸管理。

曹操死后，闹着要返乡的，就是臧霸送给曹操以表忠心的军队。人家的老家就在青、徐二州，曹操一死，他们自然想回老家耕田。

青州兵在曹操统一北方的过程中立下大功勋，有了这支军队的底气，曹操才萌生了一统天下的理想。最开始的时候，他想的也只是当一个清官、落一个好名声而已。他在类似自传的《让县自明本志令》一文中说："当初被举孝廉时，只是想当一名郡守，得一个清官好名声。"

曹操收降了青州黄巾军以后，开始推行军屯，后来在司马懿的主张下，更加强了军屯的力度。青州兵在许下屯田，在范县、东阿屯田，兴修水利，使军粮无缺。

曹操病死，青州兵"擅击鼓相引去"，一哄而散。众臣都主张严禁流散，流散者讨伐，因为这些人散放民间，个个都是杀人的利器和扰乱社会的危险分子。但是贾逵反众臣主张而行之，就是供给青州兵吃喝，让他们快走。

一招釜底抽薪，维了洛阳之稳。否则曹彰正在赶来的路上，若是他再接管了青州兵权，谁来制衡？老主新丧，新主未立，洛阳想再成为一片焦土吗？

精要简析

当大家都坚持禁锢住青州兵的时候，贾逵的釜底抽薪，放青州兵离开就显得反其道而行之，和大家都不合拍。但越是这样，越能显出独立思考的重要性。

曹叡从托孤重臣中收权集权

奇智妙计

　　少主即位，容易被老资格的臣子架空。在这方面，魏明帝曹叡做得很好，给四位老资格的托孤重臣加官晋爵，却又让他们远离行政中枢，即使不远离中枢，也不再掌握军权。如此一来，权力就集中在他一人手里。

　　曹休的资格很老，他是曹操的族子、曹洪的亲侄。曹操在时，让他与曹丕同吃同住，待其如亲子。此后他随曹操四处征伐，屡立功勋。

　　曹丕驾崩前托孤时，曹休其实是与陈群、曹真、司马懿一起受遗诏辅政，同为顾命大臣。只是因为他镇守边境，不能赶回来，所以地位上矮了另三位一截，其中包括他最不待见的曹真。

　　曹真的父亲名秦邵，是曹操故人，随曹操征战时死于军中。曹操伤悼故人，收养秦邵之子秦真，并赐姓"曹"，即后来的曹真。若论血统，曹真自然比不上曹休，如今曹真身在政治中枢，曹休却在前线打仗，心理上非常不平衡。

　　一座山上两只虎，若是真打起来，朝野震动，甚至会摇荡根基。对于少主曹叡来说，这是一个很大的问题。

　　所以，魏明帝曹叡诏命征东大将军曹休为大司马——这就是魏明帝的深意：曹休一气登顶，力压大将军曹真，从此扬眉吐气。

　　至于曹真，他是从中军大将军直接提拔到大将军的，连升了五级，也没什么不服气的。

两位军中大将风平浪静，曹魏内政危机顿解，小皇帝手段高明。

更高明的是，岗位调整后，曹休镇守淮扬，曹真镇守雍凉，各守一方，远离政治中心，都不会掀起什么大风浪。

陈群原来是镇军大将军，此次升任司空，名号上做了"三公"之一公，实则却不再掌握军队。

司马懿倒是掌握了军权，却不再担任录后台文书事，也就是不再掌握国家的行政。"辅政"大臣，如今名不正则言不顺，还辅的什么政？而且，数月之后，司马懿又受命镇守荆、豫二州，也远离了洛阳这个曹魏政治中心。

四个尊奉先皇遗命，最易坐大、不听调遣的辅政大臣有可能造成的威胁与危机，就这么被曹叡连消带打，消弭于无形，他轻轻巧巧地就把权力集中到了自己手中。

精要简析

历来君主收权、集权都是很有风险的行为，一旦引发重臣不满，就有可能造成不可控的事件。曹叡却能够以高超的政治手段进行化解，可见他是一个很有能力的人。

司马懿装病避锋芒

奇智妙计

　　面对强有力的政敌，司马懿的做法是装病避其锋芒。他并不耻于表现自己的衰老和病态，而且还在政敌的爪牙面前把自己的老迈、病态表现得特别起劲，活灵活现，于是政敌曹爽一下子放松了警惕。

　　曹爽是大司马曹真之子，魏明帝曹叡卧病时，诏曹爽入寝宫，拜其为大将军并假以节钺，帮助处理军国大事，司马懿和曹爽并受遗诏辅佐少帝曹芳。

　　曹芳即位后，加封曹爽为侍中，改封武安侯。

　　曹爽一开始还是很谦虚谨慎的，凡事不敢自专，一定会和司马懿商议着行事，司马懿也特别礼待他。

　　但是后来，曹爽日益膨胀，又有丁谧、毕轨等人吹风，搞得他权欲愈重，任用私人，把他的弟弟和党羽们诸如何晏、邓飏、李胜、丁谧等人都封为高官，几乎垄断朝廷大权。

　　如此还不算，曹爽还玩弄先帝嫔妃，车马服饰比照皇帝，欺男霸女，欺行霸市，胡作非为。

　　司马懿为避其锋芒，决定装病——司马懿的夫人张春华去世，他哀痛不已，抑郁成病，两腿沉重，目光呆滞，面容哀戚，一步一歇，颤颤巍巍地走上朝堂，跪在皇帝面前，请求致仕告老。

　　把持政权的曹爽顺水推舟，司马懿光荣退休。

　　魏帝曹芳派了最好的御医给司马懿看病。

　　司马懿本来没病。但是，他躺在病床上，眼神、表情、姿势、语言，甚至是面色……看在御医眼里，就是形如槁木，眼珠间或一轮。

御医回去向皇帝禀告，说太傅在延挨时日。

曹芳一阵悲戚：这下子曹爽爽了。小皇帝长久浸淫宫廷，什么事不知。如今一人独大，满朝上下，无论内外，全都是他曹爽的人。

曹爽麾下的谋士李胜，借着要去荆州上任之机，来向司马太傅辞行。

李胜来到司马懿府上，说明来意。司马懿本来在家里待得好好的，一听李胜来了，马上就明白了他的意图，于是就把头上戴的冠去掉，把头发披散开，上了床，拥被而坐，又让两个婢女左右搀扶着，这才命人请进李胜。

李胜进来后吓了一跳：司马懿怎么老成这德性了！人瘦了，背驼了，眼睛无神了，气喘吁吁的，好像随时一口气都会上不来。他到床前拜倒："一向不见太傅，谁想如此病重。今天子命我为荆州刺史，特来拜辞。"

司马懿跟李胜打岔："并州在北方，靠近胡人，要好好防备啊。"

李胜说："我是去荆州做刺史，不是并州。"

司马懿再打岔："你刚从并州回来？"

李胜说："是山东荆州。"

司马懿继续打岔："哦，原来你是从荆州来的！"

李胜瞠目结舌："太傅怎么病成这样了？"

左右的人回答："太傅耳朵聋了。"

李胜把"荆州刺史"写在纸上给司马懿看，司马懿笑着说："我病得耳朵都聋了。你此去多保重。"

说完，司马懿以手指口，意思是要喝汤。侍婢端上汤来，司马懿也不接，用嘴直接喝，淋淋漓漓洒了一身，一边喝着就哽哽噎噎地哭了："我老啦，很快就要死啦。我那两个儿子都不行，希望你能多教导他们。你见了曹大将军，请替我美言，千万替我好好对待我那两个儿子！"说完倒在床上，气喘声声。

李胜回去向曹爽汇报司马懿的衰状："太傅的病体不能再复元了，真令人悲伤啊。"

曹爽大喜："这个老头儿如果死了，我就高枕无忧了！"

这天，司马懿家来了一个客人，他叫孙礼。曹爽不待见孙礼。匈奴王刘靖势力渐强，鲜卑族又屡犯边境，朝廷遣孙礼为并州刺史，加振武将军，持节，并封为护匈奴中郎将。他去向司马懿辞行，在老太傅面前痛诉曹爽之过。

司马懿光听，不说话，半晌才问："是不是你嫌弃并州刺史的官位太小了？"

孙礼大怒："明公怎么说这样的话！我虽然无德，也不会在意官位和与曹爽的陈年旧怨。我本来以为明公你能效仿伊尹、吕望，好好匡辅魏室，既报答明帝的托付，又可建立自己的万世功勋。如今社稷不稳，天下纷乱，这才是我郁闷的原因！"

司马懿又在半晌后说了一句话："忍，忍常人不能忍的事。"

孙礼点头，不再多说，起身赴任。

精要简析

司马懿是一个非常能忍的人，面对嚣张跋扈的曹爽，他一退再退，一直退出朝堂。在被人试探的时候，也不惮于表现自己的老迈和衰弱。只有这样，才能够使敌人放松警惕，自己才能够暗中谋划布局。

司马昭善待降兵，诸葛诞兵败被杀

司马昭对付诸葛诞，第一是宣扬自己的军队少粮，第二是宣传降将不杀。第一个举措误导诸葛诞，第二个举措则是动摇敌方军心。这二者结合，可以使诸葛诞军心不稳，极为有效地分化瓦解诸葛诞的力量。

诸葛诞于公元 257 年反曹魏，在寿春屯兵十五万，把儿子送到东吴为质，请求东吴出兵救援。

司马昭征讨诸葛诞。二十六万大军围攻寿春。

东吴也派出将军全怿等人会同降将文钦，前往救援。结果也被曹魏军队四面合围，水泼不进，然后司马昭跟士兵们说，没粮了啊，咱们没粮了，你们只能一个人领三升黄豆，吃完就没了。

城中的探子听到这个消息，高兴坏了。没粮就意味着敌人很快要退兵，自己被包围着缺吃少喝，勒紧裤腰带过日子的时候就要结束了。

然后探子又探到另一个让人振奋的消息，说是司马昭的士兵们一个个都慌得什么似的，说是东吴的援军就要到啦。

诸葛诞听到这种消息，敌兵将退，围城可解，弟兄们，这回把肚皮放开，敞开了吃喝吧，吃饱了肚子好杀敌，东吴的援军马上就要到啦，到时候，咱们里应外合！

可是，原想着这顿吃个饱饭，不等下顿饭煮熟，援军就到，结果一顿，两顿，三顿……粮食飞速减少，吃没了，也没见着城外援军的影子。

诸葛诞慌了手脚。他的亲信有的偷偷出城降魏，至于东吴将领全怿等人，则收到了降魏的家人的家书，说是吴王因为他们攻守寿春不力，要处死他们的家人。于是全怿害怕，率数千部众降魏。

甘露三年（公元 258 年）正月，诸葛诞和文钦等人内讧，诸葛诞杀死文钦。文钦的两个儿子文鸯、文虎翻墙投降了司马昭。

司马昭没有应众将要求把这兄弟两个杀掉，而是封侯，授将军衔，还配给几百名骑兵，让他们沿城巡回大叫："文钦的儿子都赦免不杀，别人更会受到宽待！你们赶快出城投降吧！"

守军心里动摇，又因城中无粮，无力守城，于是司马昭下令攻城，寿春城破。诸葛诞突围的时候被杀，夷三族。

精要简析

如果说第一个计谋还是阴谋的话，第二个计谋就是妥妥的阳谋了，司马昭就是要让敌军看看我方是如何善待降兵的，这样一来，诸葛诞一方军心动摇，殊无斗志，失败是必然结局。

郭子仪自污，不做完人

奇智妙计

身为臣子，权势过大，本来就极容易遭到君王的猜忌，轻则丢官去职，重则抄家灭族。唐德宗对于树大根深的郭子仪也必定心怀猜疑，于是郭子仪干脆堂而皇之地自我揭发，以此表态，使唐德宗不必对自己猜忌过甚，自己也并不恃强自傲。

公元 779 年，唐代宗驾崩，德宗继位。

郭子仪历仕玄宗、肃宗、代宗、德宗四朝，当过的官职都数不清：司徒、中书令、河中尹、灵州大都督、单于大都护、镇北大都护、关内副元帅、河东副元帅、朔方节度使、关内支度使、盐池使、六城水运大使以及押蕃部、营田使、河阳道观察使……

这么一个官高位显的特大元勋和权臣，就算他再剖白自己的心是红的，德宗也是有疑忌的。

但是，他又不能明目张胆、大张旗鼓地对郭子仪怎样，毕竟就算郭子仪看起来好脾气，他就像一棵大树，手底下的将领都掌着要职，这群人也不是吃素的。再者说了，慈不掌兵，郭子仪真的能够好脾气到任人搓圆捏扁吗？他只不过是明智而理性地做人做事罢了。

所以，德宗下诏，尊郭子仪为"尚父"，加授太尉，保留中书令，其余的兼职全部免除。他原来担任的主要军职则分了分，让他麾下的李怀光、常谦光、浑瑊给分别担任了起来。

这样一来，也不算苛待了这个四朝元老，而郭子仪也没有丝毫异议。

德宗刚刚即位，下令禁止民间屠宰。郭子仪的仆人犯禁，私自宰杀了牲口。于是郭子仪让金吾将军裴谞揭发自己，裴谞就将此事奏于朝廷。

有门客不明就里，向郭子仪抱怨："裴谞不顾你对他的恩情，竟然向新帝告发你！"

郭子仪笑道："裴谞这么做正是为我着想啊！我受先帝隆恩，名望很大。新帝刚即位，必然有所忌惮。裴谞奏发我的小过失，让皇帝来处罚我，这是向新帝表明，不必对我忌讳。"

精要简析

历来明智的臣子，都深懂自污之道，宁可让自己有着种种的小缺点，甚至大过失，也不在君王面前扮演道德至上、洁白无瑕的完人，因为那样就很容易因受人拥护而遭到君王的猜忌，为自己和家族招来祸端。

郭子仪府门大开，不给人诬告的可乘之机

奇智妙计

　　郭子仪深知为臣之道，他的一切权势都来自皇帝，所以一定要采用一切办法消除皇帝的疑心。他身份高贵，权势极大，却把自家的大门大敞四开，任人窥视，以示清白无隐私，这样一来，就不会给反对者诬告自己密谋造反的机会。

　　郭子仪作为当朝重臣，声望极高，家族根深叶茂，为人做事却很低调。

　　一般来说，别的大家族都高房大屋，门禁森严，绝不容人随意窥视，但郭子仪并非如此。有一次，某藩将拜见郭子仪时，正赶上郭子仪的夫人和爱女梳妆，她们让郭子仪递手巾、倒洗脸水，就像使用奴仆一样。郭子仪也不以为意，一边服侍夫人和爱女，一边与藩将谈笑风生。

　　藩将暗暗称奇，出来问随行京官，京官道："大人有所不知。这位汾阳王家的大门总是大敞四开，任人随便出入。我们经常看到郭大人做这些事。"

　　郭子仪的儿子们哭着求郭子仪不要这样做。儿子们道："父亲功业显赫，却不注意自重，不分贵贱，让来访者都进入内室，就是古代贤臣伊尹也不会这样做。现在坊间都传为笑谈了。"

　　郭子仪笑着说："你们啊，不明白你爹我的用心。咱们郭家吃饭的就有一千多人，马有五百匹，全靠着朝廷的恩典才得以生存，本就容易被人忌恨。

　　"如果我们高门闭户，内外不通，就会给那些贪功嫉贤的人以把柄，制造我们不忠的罪名，到时候九族诛灭，悔之晚矣！

"现在我将四门大开，里外都清楚地任人观看。即使有人想进谗言，皇上也不会相信。至于坊间那些闲话，何足道哉！"

他的儿子们听了这番话，恍然大悟。

精要简析

历史上身居高位的人比比皆是，但是像郭子仪这样勇于敞开大门的人实在太少。很多人在权势面前迷了眼，觉得自己无所不能，却没有郭子仪这样的清醒认知和小心谨慎的为官态度。

陈子昂摔琴推诗文

奇智妙计

一边是昂贵的胡琴，一边是不被人看重的诗文。当这二者被人摆在一起，而且胡琴被摔，这一切给人的心理造成的冲击是巨大的。以胡琴做对比而推出的诗文也能一瞬间深入人心。陈子昂可谓掌握了"广而告之"的精髓。

陈子昂是四川射洪县（今射洪市）人。他在京城住了十年，也没有什么名气。

当时东市上有一个卖胡琴的人，要价一百万。每天都有十分有钱的人去看，却没人明白它的价值。陈子昂突然从人群里走出来，跟身边的人说，他可以用一千缗来交换。

大家都惊了，问他："这玩意儿有什么用？"陈子昂回答："我会弹这个乐器。"有好事的人问："我们能听听吗？"陈子昂说："我住在宜阳里，"陈子昂指给他们自己住房的方向，"而且我还准备了酒，明天专候诸位。不仅各位可以来，还可以邀请知名人士一起来赴会，这就是我的荣幸了。"

第二天早晨，来了一百多人，都是当时有名望的人。陈子昂大摆宴席，好酒好菜，等他们吃过饭，陈子昂就站起身，捧出胡琴，对客人们说："四川人陈子昂有文章百轴，在京城东奔西走，却始终声名不显。这件乐器不过是一个平常的手艺活，怎么值得我放在心上？"就把胡琴举起来摔了，然后把他写好的文轴抬出来，摆了两案子，分别赠送给客人。

会散以后，一天之内，他名满京都。

精要简析

同样是斥巨资，将斥巨资买来的胡琴一把摔了，以之衬托自己写的诗文；同斥巨资印刷自己的诗文分散众人请人阅读，所起到的效果是不一样的。前者因为对比强烈，给人造成更大的冲击，对诗文有更大的好奇心，也更愿意钻研其中的精髓。

郭子仪单骑赴约，折服鱼朝恩

奇智妙计

郭子仪折服鱼朝恩，凭的不是种种手腕，就是一个词：堂堂正正。他堂堂正正做人，堂堂正正赴约，堂堂正正到让鱼朝恩不得不反见自己的奸诈阴邪。

郭子仪当中书令时，观军容使鱼朝恩请他同游章敬寺，郭子仪答应了他。

宰相考虑到郭子仪和鱼朝恩之间不和睦，让部下劝告郭子仪，请他别去。郭子仪的部属也跑到他那里去，说鱼朝恩将对你不利，并且把这话告诉了将领们。

没一会儿，鱼朝恩派的人来了，郭子仪刚要走，部下有三百人在衣服里穿上铠甲，请求同去。郭子仪生气地说："我是国家大臣，他如果没有天子的密诏，怎么敢害我！如果是天子的命令，你们想胡来吗？"就只带了十几个仆人去赴约。

鱼朝恩正等着他，惊讶地问："你怎么只带了这么几个人？"郭子仪把他听到的话告诉鱼朝恩，并说："想这么多，我还嫌费心呢。"鱼朝恩抚着胸口，捧着手，呜咽流泪，说："要不是你这位长者，换了别人肯定会怀疑我。"

想当初郭子仪要对抗外敌，还要分心应对皇帝、朝臣和宦官。结果郭子仪正抵御吐蕃的时候，他父亲的坟被人挖了。

——这事儿就是鱼朝恩干的。就因为鱼朝恩听堪舆师说郭子仪堵了他的官运，他就掘了人家的祖坟。

这下子所有人都觉得坏了，郭子仪要被鱼朝恩逼反了！

郭子仪回朝后，却哭着对皇帝道："臣长期带兵，能力有限，不能及时禁止部下破坏别人的坟墓，现在别人掘了我祖先的坟墓，这是上天的谴责，不是人的为害。"

在已经结怨如此深的情况下，郭子仪明知道鱼朝恩对自己又忌惮又恨，居然还去赴鱼朝恩的约。

精要简析

这两个人相比，一个堂堂正正，一个奸狡阴邪，真的就是一个在天上，一个在地下，偏偏堂堂正正的郭子仪凭着堂堂正正的手段把奸狡阴邪的鱼朝恩折服了。郭子仪分析得对：如果是皇帝密令鱼朝恩加害自己，那自己在皇权之下，反抗也无用；如果鱼朝恩没有皇帝的密诏，他也不敢加害自己，那自己也用不着做防备。

武则天泰山封禅

奇智妙计

武则天要彰显自己的地位，要在世人面前强势宣告自己的存在感，最有效和最有力的手段当然就是参与到封禅大典中来。她就是这么做的，堂堂皇皇，威压当世，使世人不得不正视她这个皇后的存在。

麟德二年（公元 665 年）冬，唐高宗一朝在泰山举行封禅大典。

祭祀的流程一般是这样的：天子初献，公卿亚献和终献。

但是武则天不依，她上表要求："那天，臣妾请求率朝廷内外命妇奠献。"

男权社会之中，她几乎可以称得上是争取妇女政治权益的第一人。

唐高宗李治当天就颁诏，宣布祭地典礼时，由皇后行亚献之礼，由太宗李世民的唯一在世妃嫔越国太妃燕氏行终献之礼。

于是，这一年十月二十八日，从洛阳到泰山，车驾浩荡，从人众多，车马鲜明，旗帜招展，各国元首、酋长、使节伴列，出发去泰山封禅。

麟德三年（公元 666 年）正月初一，封禅大典正式开始。

皇后武则天盛装严饰，面目严肃，态度虔诚，行祭地亚献之礼，沟通天地。

封禅结束，皇帝颁诏，大赦天下，改元乾封。武则天坐在帘后，还在回味着她主持亚献之礼时那种独立山巅的威风与荣光。

那一刻，万民仰望。

聚光灯下的滋味，甜美到让人陶醉。

她的这一番主动请求行祭祀之礼的意味，在很明确而强横地向世人昭告她不可忽视的政治地位。

精要简析

武则天是一个很有野心的人，作为一个后宫妇人，她又有一个天然的弱势，就是不得不躲在男人身后。在这种情况下，她要给自己做宣传、造势，怎么能离得开把自己暴露在世人面前这个程序呢？所以她就强势插入封禅大典之中，占据重要地位，以此宣告她的重要性。

武则天造势称帝

奇智妙计

武则天称帝的程序走得一板一眼，丝毫不乱，每一步在背后无论怎样的筹谋策划，但是显露在世人眼前的，都是光明正大，上秉天意，下承民心，使得她"不得不"即位称帝。

武则天一心奉佛，早在咸亨三年（公元 672 年），她就舍钱造佛，在龙门石窟造卢舍那佛。

一个叫武怀义的小官从浩如烟海的佛教经典中，找出一部《大云经》。这部佛经讲了净光天女以凡胎降生到人间，虽身为女人，却成为国王，教化男女老少，广做菩萨事业；又讲了一个国王的女儿，名叫增长，国王死后，她继承了王位。

——这部经卷这时候拿出来太合适了。

于是，一番运作之后，武则天就被传成了是当世弥勒，理当代唐，主治天下。

于是，大家好一番请愿上表，请求武则天登基，代唐自立。

武则天能怎么办？当然是固辞啦。

但是她一边固辞，一边把主导请愿的人闪电升官……

于是，一波，一波，又一波的请愿汹涌而至，有如浪涛拍岸。

第一波只不过是城外的小老百姓，第二波就是洛阳的民众，第三波文武百官、宗室外戚、四夷君长也加入了；第一波几百人，第二波一万多人，第三波好几万人……

而且，汹涌的人潮前面，是当今大唐天子李旦。

于是武则天很"无奈"地答应了。

公元690年阴历九月九日，中国历史上绝无仅有的一个女皇帝诞生了，国号大周。

精要简析

在封建社会，女子称帝千难万难，但是这件事情最终被武则天做成了。伴随着无数腥风血雨，她登上帝位的最后几步，却又完全暴露在世人眼前，使人看到的是天意不可违。

辅国占大义，唐太子登基

奇智妙计

唐太子李亨能够在国难当头之时，"抛弃"唐玄宗，公开分兵，另立朝廷，得益于太监李辅国在众目睽睽之下，替他占住大义的名分，免了"无君无父"的政治骂名。

安史之乱后，唐玄宗在六军拥护下逃离长安，要去剑南，结果走到马嵬驿，六军哗变，逼迫唐玄宗杀了杨国忠与杨贵妃。

然后六军商量不去剑南了——那里是杨国忠的地盘，那里的将领都是杨国忠的人。他们决定先去扶风，走一步看一步，最后看看到哪里合适。

可是，他们又被一群百姓拦住。

唐玄宗李隆基直面百姓的声声质问："陛下，长安是你的家；陵寝里埋着你的先祖列宗。你要抛下他们到哪儿去？"

唐玄宗答不上话。

太子李亨从后队赶了上来，也一起沉默。

良久，李隆基说："你留下，安抚好朕的子民。朕先行一步。"

他打马走了，剩下李亨和百姓觍面相对。

百姓跟太子陈情，请他不要跟着皇上走，带着他们一起杀敌收复长安，那是他们的家。

李亨吧嗒吧嗒掉眼泪："我爹这一路上山长水远，没人照顾怎么行？我要侍奉他啊。而且，我爹是皇上，我是走是留，都要听他的。"

这个时候，李亨的两个儿子：长子广平王李俶、三子建宁王李倓和宦官李辅国出面了。

他们下了马，有的抱李亨的马脖子，有的拉住马缰绳，有的跪着抱着想要打马离开的李亨的腿，哭求他不要走，不要把中原拱手让贼，不要让人心离散，否则现在走着容易，将来回来则难。

至于要跟随皇上尽孝，驱除叛贼以安社稷，修复宫室以迎天子，那才是既为国尽忠又为父尽孝的大善。

于是，李亨派儿子李俶给唐玄宗快马报信，不随父前行，要留下来抗敌。

事已至此，七十多岁的唐玄宗无可奈何。

——在李俶、李倓和李辅国一起抱着李亨的马脖子请他留下的时候，这三个人其实早先计议已定。所以，他们说服李亨，趁着叛军正在长安烧杀掳掠，顾不上打他们的时候，赶紧启程，赶往朔方，站住脚跟，方图复兴。

于是，李亨一行抵达灵武，经过五次劝进，李亨在灵武举行登基大典。是为唐肃宗。

《旧唐书·李辅国传》记载："辅国献计太子，请分玄宗麾下兵，北趋朔方，以图兴复。"李辅国此前一直叫李静忠，肃宗念其忠心，赐名"护国"，后来改名"辅国"。

精要简析

在李辅国等人抱住李亨的马脖子苦苦劝说的时候，他就占住了大义的名头，在百姓众目睽睽之下，替李亨打造好了有力的舆论武器，才能强劝李亨脱离唐玄宗，分道扬镳，终于让已经当了十八年太子的李亨登基称帝。

李辅国请罪如请功

奇智妙计

李辅国是仗着唐肃宗的势发达起来的大太监，他最害怕的就是唐玄宗重掌皇权，所以他为了避免唐玄宗重新掌权，无所不用其极，包括强挪唐玄宗入西内。而且他这样做了之后，还堂而皇之地去肃宗面前请罪，但又和一众将领一起去，肃宗当着手握军权的六军大将，对李辅国是不得不原谅，还得温言安慰。

公元 757 年十二月，玄宗和肃宗都回到了京城。

李亨要归政玄宗，玄宗不许。于是就父慈子孝，父亲退位安养，李亨正正当当地当他的皇帝。

玄宗还京后，住不成大明宫了，住回了他做皇帝以前住过的兴庆宫。

兴庆宫有座长庆楼，南面临着大道，玄宗喜欢到那里去走走。路上行人见了他，会大礼瞻拜口呼万岁。玄宗听了高兴，在楼下置酒食相待；而且他还召见过一些将领。

这时候，宦官李辅国行动了：他把兴庆宫原先的三百匹马，假传圣旨给弄走了，只给玄宗留下十匹。又派六军将士大哭着在肃宗面前叩头请命，希望迎太上皇到西内居住。

过了两天，肃宗病倒，李辅国假称皇帝发话，迎太上皇游西内。等玄宗到了睿武门，李辅国带领五百名善于骑射的士兵，拔刀露刃，拦路进奏说："皇帝陛下因为兴庆宫潮湿狭窄，现在迎接太上皇迁居大内。"

玄宗差点从马上掉下来，幸得高力士稳住场面，呵斥李辅国下马，并传达玄宗向将士问好的诰命，将士都收起了刀枪。李辅国见此情景，也只好下马拜见玄宗，然后为玄宗牵马，和侍卫一起前往西内，安顿玄宗住在甘露殿。

李辅国这才带人退下，留下侍卫的兵士只有几十人，而且尽皆老弱。另外，陈玄礼、高力士和玄宗使惯的旧宫人都不准留在玄宗身边。

更神奇的是李辅国后面的操作。

当天，李辅国穿着素服去见肃宗请罪。他很聪明，搭了一个很好的台阶：他是和六军大将一起去请罪的。肃宗这样一来，就只好"迫于诸将"，不能发作，还要慰劳他们，说什么太上皇住南宫也好，住西内也好，其实没什么差别。你们也是怕小人迷惑太上皇，防微杜渐，以安社稷。忠心可嘉，你们还请什么罪呢。

李辅国先是挤兑迫害太上皇，再以这样的方式公开请罪，不但能为自己免罪，还能更得肃宗的恩宠。

精要简析

李辅国这样公开请罪，正合肃宗之意。这种时候，他并不想惩罚李辅国，因为肃宗也害怕玄宗和前朝勾结，图谋重新复位，这样一来，他这个皇帝没当多久，就不得不面临被颠覆的危机。

郭子仪杀将整军

奇智妙计

郭子仪的旧部王元振等人明明是为他鸣不平而作乱，但是郭子仪丝毫不念旧情，起复之后杀掉他们来整顿军队，看起来好像恩将仇报，事实上，他是把自己公正严明的一面摆在前面，使自己军中的纪律越发严明。

唐朝大将郭子仪遭排挤去职，他的部队换上新的领导人——朔方诸军都统李国贞。

李国贞治军严明，而郭子仪这个人平时治军比较宽松，该打仗的时候你给我拼命打仗就行。这么一来，郭子仪的旧部下王元振受不了了，挑动着一帮子人把李国贞杀掉，自己来主持军队，这就让朝廷很不放心。

而且河东节度使邓景山也被杀了，军内动荡不安。

朝廷害怕这两支军队和叛军联合起来，只好起用郭子仪，让他为朔方、河中、北庭、潞、仪、泽、沁等州节度行营，而且兼兴平、定国等军兵马副元帅，进封汾阳郡王，驻守绛州。

到了军营，王元振一见旧帅来了，十分激动，士兵们也发出阵阵欢呼。郭子仪升起帅帐："王元振，我朝廷大军如今处在敌我交界之地，你竟然不顾军情，杀掉诸军都统，你不怕敌人趁乱杀过来吗？敌人杀过来，你自问你能挡得住、守得住吗？你是我的部下，却轻重不分，缓急不明，我不能包庇你。"

于是，以王元振为首的几十个鼓噪作乱的人，全部被诛杀，整个军队噤若寒蝉，不敢再轻浮鲁莽。同时，新任的河东节度使辛云京也杀鸡儆猴，把作乱的人杀掉，军队风气开始转变，不敢再犯上作乱。

精要简析

郭子仪杀将整军不徇私情，而是从公心出发，经得起推敲。所以他虽然杀的是力挺他的旧部下，却不会失去人心，还能够转变军中风气，使人不敢犯上作乱、胡作非为。

唐代宗欲擒故纵

奇智妙计

唐代宗为除李辅国，是先给他各种吹捧，各种高看，各种加官晋爵。越是这样，李辅国就越嚣张跋扈，令人厌恶，同时也降低了警惕心。最终李辅国被代宗算计丢命，却丝毫不令人同情，都觉得他死有余辜。

唐肃宗死后，代宗被李辅国等宦官拥立即位。

李辅国越发擅权，引发代宗厌恶。

李辅国之所以敢嚣张，是因为他手里握着禁军，有兵权在手，谁敢动他？

于是，他就被代宗算计了。

代宗口口声声地叫着他"尚父"，一桩桩一件件大事小情，都先问尚父该怎么办。在他的默许之下，群臣要想面君，就要先觐见尚父。

紧接着，李辅国又被晋升为司空兼中书令。

李辅国有一个心腹程元振协助他做着种种的事情。但是，相比起他，程元振更愿意依靠代宗，在代宗向他似有若无的示意之下，程元振开始和代宗联手，伺机除去李辅国。

李辅国对禁军的管理是由程元振实施的，也就是说，程元振听命于李辅国，而禁军听命于程元振。

代宗很聪明地把程元振拉入自己的阵营，李辅国就剩下一个嚣张跋扈的空壳子了。

既然这样，代宗还用怕他吗？很快，代宗就撤了李辅国的元帅府行军司马和兵部尚书，让他出宫去住！

代替他执掌兵权的就成了程元振。

李辅国如梦初醒。

很快他就死掉了，深夜被杀，死在他的家里面，脑袋和一只手臂不翼而飞，凶手始终未被抓到；他的脑袋后来找到了，被扔到了茅厕里。他曾被赠以太傅的身份，谥号却是"丑"。

精要简析

唐代宗贯彻了"欲先取之，必先予之"的原则，明面上给李辅国升官加爵助长其气焰，使其越发失去人望，再利用他的心腹架空他，最终除掉他。他这招欲擒故纵，用得很高明。

郭子仪圣旨保身

　　郭子仪每次出征前都会来皇帝面前表忠心，他即使交卸兵权，远离朝堂时，仍旧会拿着先帝给他的诏书向现任皇帝表忠心。他做这些举动都是堂堂正正，谁也说不出什么来，目的也很明确，就是防着他不在朝中时，被小人离间，丧失性命。

　　郭子仪能够统率军队靠的不是苛酷的军令，是他个人公平、公正、公开的人格魅力。

　　他几乎无懈可击，但是有一处命定的软肋，就是他既忠君，又没办法常伴君王左右，取得君王对他百分百的信任和亲密。

　　君王的信任和亲密都在宦官程元振那里，所以程元振一对着代宗说郭子仪的坏话，郭子仪就没脾气。

　　郭子仪听到程元振三番四次对自己的诬陷，于是主动自觉地提了辞职，给肃宗督建皇陵去了。

　　郭子仪对于靠边站也许没什么大意见，但是不想稀里糊涂地死掉，所以他要继续表忠心。

　　当初他带兵出征之前，一定要对着肃宗表忠心，现在他又把肃宗曾经给他赐下的一千多件诏书，都找出来呈给代宗看：我对朝廷是忠心的，对君王是忠心的，我没有想着拥兵自重，更没想着造反。

　　代宗自惭："你是我朝重臣，如今却忧虑这些不相干的事，这是我的过失。有我在，你放心。"

　　那意思是，你不会死。

精要简析

　　郭子仪深知人性之恶，他自己又位高权重，手握军权，越是这样，他越是小心谨慎，越是要借各种机会向皇帝表忠心。当他被排挤出朝堂，也绝不放过拿先帝诏书向代宗表忠心的机会。行堂皇正大之事，防小人加害之心。

郭子仪单骑盟回纥，挑动回纥与吐蕃相斗

奇智妙计

　　郭子仪单骑盟回纥，将祸水他引，寥寥数句，就挑动得回纥和吐蕃翻脸，与唐结盟。凭的就是他一身正气和满身威望。

　　永泰元年（公元765年）九月，仆固怀恩叛唐，他造谣说郭子仪死了，又纠集吐蕃、回纥、吐谷浑、党项、奴剌这些少数民族部落攻打唐朝。郭子仪受命率一万兵马去驻守泾阳。可是当他抵达泾阳时，敌军已经把城池团团围困起来。

　　郭子仪当即调兵遣将，让人各当一面，他自己亲率甲骑，出入阵中。回纥一看吓了一跳：这不是郭子仪吗！

　　仆固怀恩不是说郭子仪死了吗？

　　郭子仪也敞亮得不行，一人一骑就去找回纥的首领说话去了，问他们这是干什么，哪有既是亲戚又曾经是并肩战斗的战友，如今却刀剑相向的？而且吐蕃人凶残，又不讲道义，他们从我大唐掳走了无数的财帛子女，又有牛马羊牲畜遍野。放眼看吧，他们拉着财物的车子绵延几百里地。这些是上天赐予你们的礼物啊，何不去攻而取之、占而享之呢？

　　回纥人的眼睛亮了：他们攻打大唐，又没有那么大的体量吃掉大唐的田产地亩，他们不过就是图财。可是一个州一个县地辛苦攻占抢掠，还不如直接把吐蕃的财物一口吞掉？

　　于是，双方盟誓言和，大战消弭于一瞬。

　　而吐蕃知道回纥和唐结盟，吓得够呛，赶紧拔营就跑，这么一跑，可就示弱了，郭子仪当即派人追着打，回纥也回身追着打。郭子仪亲率大军，乌云压顶，一路席卷，吐蕃军大败，被斩首五万，万人遭生擒，人口牛马战利品多得数不过来。

　　郭子仪单骑盟回纥，彻底平了仆固怀恩之乱。

精要简析

　　大敌当前，郭子仪非常清楚自己的威望与分量，所以才敢于千军万马之中单骑而入，说盟回纥。他的能力大，正气足，使敌人自然而然心生敬意与惧意。

善用资源的裴明礼

奇智妙计

　　裴明礼设奖金投瓦的做法，是用微小的花费，达到了清理瓦砾的目的。人们即使知道他的真实目的，仍旧忍不住想要投一投碰碰运气。原本很麻烦的事情，就以玩乐的方式轻松解决了。

　　唐朝人裴明礼是河东人，他特别善于经营家业。他收购人们遗弃的物品，积攒起来，然后卖出去，就这样，积攒了巨万家财。

　　他在金光门外买下一块荒地。可地上全都是瓦砾，所以卖不上好价钱。裴明礼就在这块地里竖立一根木杆，上面悬挂一个筐子，让人捡地里的石头和瓦砾往筐里投掷，投中的人有金钱奖励。千块百块瓦砾中，只有一两块能投中。还未等人投掷熟练，地里的瓦砾已经捡完了。

于是，他又把这块土地让给放羊的人，地里又积满了羊粪。他事先已经把各种果核收集起来，撒在地里。一年多后，地里长出了茂盛的杂果树苗，他一车一车地拉到集市上去卖，又赚到了巨万之财。

于是，他建造房屋，在院子的周围安置蜂箱来养蜜蜂贮蜜。地里到处都栽上蜀葵，还有别的花花果果。蜜蜂采花酿蜜，蜜又丰收了。

裴明礼经营生意的奥妙，像这种例子特别多，多得数不过来。

精要简析

裴明礼骗人替他捡地上的瓦砾了吗？并没有。他只不过是想出了一个有趣的玩法而已。这个玩法能够让人们心甘情愿地替他出力捡拾地上的瓦砾，这就是他脑筋灵活之处。

颜真卿麻痹安禄山

奇智妙计

颜真卿采取了一系列措施，诸如加固城防，疏通河道，招募壮丁，积贮粮草，都是打着防灾基建的名义来做的，哪怕他暗地里是在防范安禄山造反，明面上仍旧让人挑不出毛病。至于他自己的放浪形骸和疏于政事，更是成功骗过了安禄山，使得安禄山对他不加防范。

安禄山极受唐玄宗宠信，所以虽然他当时反相已显，有人汇报给玄宗，玄宗也不信，甚至还把向他汇报的这个人送给安禄山处置。

平原郡是三镇节度使安禄山的地盘，平原太守颜真卿也嗅到了反叛将起的烟尘。

然后他就说：哎呀！你看这老天爷真是不作美呀，老是下雨，一下就下个不停。老下雨河里就会发水，淹农田，淹城池，庄稼减产，这样可不行。传我令，召集民夫，加高城墙，把护城河也好好疏通疏通，别让大水淹了咱们的城。

还有，咱们的人手不够，尽可能多地招募壮丁，免得搞基建也好，做城防也好，束手束脚的。

另外，尽咱们最大的力量，能储多少粮草就储多少粮草，否则一旦减产甚至绝收，老百姓也好，咱们的城防兵也好，吃不上饭就麻烦了。

于是大家就该干什么干什么，热火朝天的，全都是修修补补的基础建设。

至于颜真卿自己？他和他的幕僚、宾客天天坐着船喝酒听歌吟诗作曲。

这样一来，在安禄山眼里，颜真卿不过就是一个不足为虑的书呆子。他怎么能想到，颜真卿做的这一切，高筑墙，广积粮，多征兵，都是防范和应对他的呢！

天宝十四年，安禄山终于起兵反唐，河北郡县纷纷告破，颜真卿却在平原迅速部署防御，又新征了一万多名士兵，誓要固守平原，将叛军抵御在城外。

精要简析

要想麻痹敌人，就要外松内紧，所以颜真卿看上去优哉游哉，不理政事；而针对安禄山反叛所做的一切举动，都被掩盖在防灾和搞基建的名义之下。

朱温借势，多尔衮以退为进

奇智妙计

朱温崛起的一个重要原因，其实就是借势而上。朱温先是借唐之势反叛黄巢，后来更是借唐朝皇帝之势为自己加官晋爵，称霸中原。会借势的人都是以所谓"光明正大"的名义来行事，却偏偏让人说不出什么来。

唐昭宗后期，天下分崩，强藩四起，黄巢起义席卷全国。

朱温投军，受到黄巢重用，用了五年时间从一名小卒跃升为高级将领；当黄巢军势转衰，露出败象，朱温又投降了唐军。他立即被唐僖宗封赏高官厚禄。

黄巢占领长安后不久就在唐军的围攻下败出长安。朱温便乘机向各路节度使发出号召，要求为国除贼，共同进剿败退的黄巢军队。

朱温不但抢了很多地盘，壮大了自己的实力，更是被唐王朝倚作股肱，拜侯封王，成为唐王朝最大的藩王。

然后，他故技重施，开始借唐昭宗之名征讨周边藩镇。

因为关中常年被李茂贞压制，后来又落入朱温手中，唐昭宗甚至在长安都待不下去了，想要东逃投奔李克用，结果在陕州被朱温劫走，安置在了洛阳。

之后朱温以唐朝皇帝的名义，加封自己为梁王，加官晋爵，然后以皇帝的名义安抚和收服周边的小诸侯，最后称霸中原，取代唐朝建立了后梁。

清朝初年，多尔衮也用过"借势"这一招。不过，朱温是借势而上，多尔衮却是以退为进。

皇太极去世后，朝廷内部混乱，有很多股势力都有争夺帝位的能力，最强的无非就是豪格和多尔衮。

当时多尔衮未必有赢豪格的把握，而僵持不下的情况下，内战即将爆发，于是多尔衮先跟豪格表示，各退一步，两人都不当皇帝。然后他利用与孝庄皇后的关系，迎立福临为皇帝，福临也就是顺治帝。多尔衮看似放弃了皇位，实则进一步稳固了自己的地位。

当时福临不过五六岁，通过孝庄，多尔衮被加封为摄政王，然后就此总领朝政，独揽朝政大权。他直到去世，都一直掌控着清廷最高权力。

精要简析

争取利益，不要一味直来直去，有时候要巧妙借势。如果能够借势而行，扯顺风帆，就能够事半功倍。

赵匡胤削藩镇，收兵权

奇智妙计

赵普给赵匡胤制订的基本国策是对的，恰好就是针对当时一个个短命王朝败亡的原因所在。赵匡胤与他君臣同心，想的也是一个意思，那就是要强干弱枝，削夺藩镇之权，收回兵权。

赵匡胤是五代十国这个特殊的历史时期的见证者，自从公元907年，朱温灭唐，建立后梁，此后半个世纪里，有时候几年就换一个政权，简直如走马灯一样。

数一数这几十年里出现的皇帝，居然有十四位，而其中有十一个皇帝都不得好死。

　　赵匡胤陈桥兵变，当了皇帝，首先要考虑的问题就是怎样使自己建立的宋朝能够跳出短命王朝的宿命，长长久久地存在下去。

　　所以，这一天，他就召问了宰相赵普，历数自唐朝末世至今，朝代更迭，光皇帝就已经换了八个家族来坐，打起仗来无休无止，老百姓生活得水深火热，这不是他建立宋朝的理想。他要的是长治久安，可怎么才能做到呢？

　　赵普对答得十分中肯：藩镇权力太大，君弱而臣强——若非如此，赵匡胤何至于被赵普他们强披一身黄袍就把柴氏的位给篡了？

　　如果柴氏皇位上坐着的不是一个小娃娃，而是一个有雄才大略的壮年人，赵匡胤也不敢，甚至连起这个心思都不会，宋朝根本就不会存在。

　　这个道理，君臣都明白。

　　所以，赵普给出的答案，也正好是赵匡胤想要采取的措施，那就是要强干弱枝，削弱藩镇权力，没收他们的兵权，使得兵权尽归于皇帝。

精要简析

　　唐朝败亡，五代十国战乱不休，究其原因，就是君弱臣强，藩镇势大难制。这一点赵普看得很清楚，才会给赵匡胤提出强干弱枝的见解。赵匡胤这个壮年皇帝，脑筋清楚而理性，也看到了这个问题，针对这个问题采取了有效措施，从而避免了王朝短命的命运。

赵普雪夜定策，平天下先南后北

奇智妙计

赵普为赵匡胤制订的策略就是基于当时的基本国情，厘清了军事行动的方针，按照先易后难的顺序，一家一家打过去。

一个下大雪的夜晚，赵普正在家中读书。

赵匡胤与赵光义联袂而来。他们吃着烤肉，喝着酒，一起赏雪，同时商量大事。

赵匡胤对赵普说："朕打算攻打北汉，你觉得如何？"

赵普回答："北汉实力强大，又背靠辽国，若是攻灭北汉，势必要独自面对辽国。倒不如先攻灭南方诸国，再图谋北汉的好。"

赵匡胤哈哈大笑。

此后赵匡胤就按照赵普的策略，按照先南后北、先易后难的顺序，挥师南下，占蜀地，灭南汉和南唐，平定江南，然后再开始图谋北汉。

精要简析

局势纷繁复杂，各种线索交织在一起，很容易让人心中迷乱，不知所措。赵普有着清醒的头脑和睿智的眼光，所以他能够替赵匡胤看透迷雾，制订出有效策略。

宋太祖杯酒释兵权

奇智妙计

历来帝王对于手握兵权的将领是又爱又怕，爱他们为自己保家卫国，怕他们兴兵作乱。应对这种情况，赵匡胤没有施行什么阴谋，就是一场酒和一席话，说得明明白白，让这些人想误会都误会不成。然后收缴兵权，给这些人高官厚禄，皆大欢喜。

建隆二年（公元 961 年）七月，退朝之后，赵匡胤把这几个人留了下来：

石守信、高怀德、王审琦、张令铎等，这些人都是带兵打仗、兵权在手的高级将领。

——这是大宋建国第二年的事。

赵匡胤不走那些曲里拐弯的路子，直接就是来来来喝酒，来来来吃菜，吃着喝着，然后大嘴一咧，哭了：

"各位哥哥兄弟呀，如果没有你们，我赵匡胤也当不上这个皇帝。可是我自从当了皇帝，还不如做节度使高兴呢，不瞒你们说，当上皇帝后，我天天都睡不着觉啊！"

众人大惊失色："怎么回事，怎么回事？难道是谁有异心？陛下你只管跟我们说，我们替你去灭了他！"

赵匡胤说："我不是怕这个。我是想啊，你说这天底下，谁不愿意要这泼天富贵，谁不愿意当这天下至尊？要是哪一天，有人把一身黄袍披到你们身上，你们怎么办？就算你们像我一样，不想造反，可是，你们手下的兵将为了他们自己的荣华富贵，也会逼着你们，不许你们后退。一想到这里，我就无法安枕。"

这话头不对！太不对了！

怎么办？

在场诸位的脑筋飞速旋转，一旦表态有失君心，等待自己的就是抄家灭族的命运。

也不知道是谁起的头，大家跪倒在地，大哭起来："陛下，我们实在愚昧，不知道应该怎么办啊，还请陛下为我们指一条生路吧！陛下怎么说，我们就怎么做。"

赵匡胤慌忙用手来搀："快起快起，快快请起，自家兄弟，何至于此。"

及至众人安坐，他又笑了起来："人生苦短，白驹过隙，照我说，各位兄弟不如多多攒钱，多多盖房子，多多蓄养优伶美婢，多多喝酒作乐，这样不比打打杀杀来得幸福？你们安享太平以终天年，而我们君臣之间也没了猜疑，这样岂不是更好？"

话说到这个地步，谁敢不接这根和平的橄榄枝？大家回去之后，纷纷称病请辞，赵匡胤自然一一敕准。

君臣一杯酒，就完成了兵权的交接，为大宋王朝的长治久安上了第一道保险。

第二次释兵权是在开宝二年（公元 969 年）。赵匡胤召诸镇节度使同时入朝，在后苑设宴，旧调重弹，再一次把兵权收回。各路节度使被改授闲散官衔，变相被打发养老去了。

精要简析

杯酒释兵权的意义在于加强中央集权，避免将领篡夺皇权。这相较于历史上有些帝王诛杀功臣的行为，被视为宽和的典范。

卧榻之侧，岂容他人鼾睡

奇智妙计

　　面对着南唐后主的步步示弱，步步后退，只求保全一国，偏安一隅的微小要求，赵匡胤只用一句话，就堵住了天下所有人的嘴，那就是："卧榻之侧，岂容他人鼾睡。"他用最浅显的大白话，说明了一个最深刻的道理：统一天下的道路上，不允许任何绊脚石存在。

　　公元971年，南汉被宋所灭，宋兵屯驻汉阳，南唐后主李煜惶惶不可终日，连"唐"的国号都不敢要了，只称自己为"江南国主"。

　　第二年，李煜又自贬南唐仪制，把自己自动降为诸王待遇，而非皇家仪制。

　　但是，饶是如此，也没挡住赵匡胤踏向国土的铁蹄。李煜没办法，只好一再遣使求和，请求赵匡胤罢兵。赵匡胤拔剑而起：

　　"给我闭嘴！你说江南国主有什么罪？他没罪，但我要的就是天下是我赵姓的天下，我的卧榻之侧，岂容他人酣睡！"

　　公元975年，南唐文官武将，有的力战而死，有的为国自杀，李煜不肯自杀，只好奉表投降。

　　南唐灭亡。

精要简析

　　"卧榻之侧，岂容他人鼾睡"是赵匡胤说的最精彩的一句话，这句话表达了他建立大一统王朝的坚定决心。谁也不愿意卧榻之侧，有一个二心之人，那么，自然要除之、灭之。这个理由一出，所有的行动就都变得光明正大起来。

范仲淹守边，稳扎稳打

奇智妙计

面对西夏边患，范仲淹守边奉行的政策不是出兵平患，而是坚壁清野，固城守边。这样的举动看似怯懦，却最有实效。他的守边策略使得西夏不敢贸然犯边，甚至闻之心惊胆寒。

公元 1038 年，元昊称帝，建国号大夏，此后对大宋屡有侵掠，而宋竟不能敌。

范仲淹受命经略陕西。

范仲淹到了任上，因为边域兵力不足，若长驱直入，进攻西夏，以我方之弱长途奔袭，难有胜算。一旦不敌，西夏就会长驱直入，袭扰关中，而关中兵力更其弱哉，这样一来，朝廷必受摇撼，甚至国内大乱，所以他制订了守而不攻的策略：加强防御，充实战备，坚壁清野。

韩琦上书朝廷，力主出征，否则会士气消磨。而边关陈兵 20 万，就算不战，也是每日消耗甚剧，如果一直拖下去，不来一个速战速决，把西夏打灭，日后恐怕朝廷供给军备会更加吃力。

于是仁宗下令出征。

范仲淹上疏反对，仍旧力主坚壁清野，据城以守，以等来年春暖出师，那个时候，青黄不接，敌人马瘦人饥，战力大减，取胜方才有望。哪怕不胜，也不致遭受太大损失。

他又在上奏里陈明作战路线和进兵方法，如此种种，事无巨细。

结果大军尚未出征，元昊遣使诈降的同时，又计划攻打渭州，于是韩琦命任福领军出兵，却在好水川中了元昊的诱敌之计，任福战死。

153

范仲淹上书分析此次战败的原因，仍旧力主不可深入追击，不可轻言进兵。朝廷终于采纳了他的策略，坚守固边，不再主动出兵。

范仲淹于是加固边城，修筑战垒；城内凿井，以解民渴；城外耕种，以解兵饥。附近百姓羡慕此地平安，纷纷归附。

越是这样，越使得西夏军不敢觊觎，他们说不可轻易攻打延州，因为如今"小范老子"胸中有数万甲兵，很不好对付。

延边各路都推行了他的主张和政令，使得各州实力增强而互相之间增加联系，一方被攻打，各方都可来支援。

当时边地流传一首歌谣："军中有一韩，西贼闻之心胆寒，军中有一范，西贼闻之惊破胆。"

精要简析

虽然范仲淹没有指挥过大规模的战役，但这不影响他成为一名功勋卓著的儒帅。他的治边策略和行动，也为后来的边境治理提供了宝贵的借鉴和启示。

范仲淹服羌，左手糖右手鞭

奇智妙计

范仲淹制定的政策以及签订的契约，使羌人不得不归附宋朝，而不是反复游走于宋朝与西夏之间。

康定二年（1041年）五月，范仲淹任庆州知州，兼环庆路都部署司事。

范仲淹到任后，联络羌族，犒赏羌族各部，与之签契：

凡是伤人的罚羊百头、马两匹；杀害宋人的斩。

凡是与宋人负债争讼的，一律送官审理。

西夏兵入界袭扰时，凡不随本族逃避的人，每户罚羊两头，并扣押其首领。

西夏兵劫掠时，老人幼儿避入宋军城寨接受保护，宋军将负责供给饮食，若不入寨，则罚羊两头。

全族都不入寨者，囚禁其首领。

……

原来西夏和大宋作战的时候，羌人会替西夏人做向导，这样一来，羌人便不敢再给西夏人带路，从而脱离了西夏的控制。

范仲淹又修城防范敌军，修筑军塞截断敌军通路，使得明珠、灭臧两部族也安心归附大宋。

精要简析

范仲淹在庆州担任环庆路经略安抚招讨使时，他到任后的首要事件便是："召蕃官慕恩与诸羌酋长仅八百人犒于麾下，与之衣物缯彩，以悦其意；又采忠顺者，增银带马绶以旌之，然后谕以好恶，立约来四，俾之遵向。"这样的做法，使羌人坚定立场，安心归附大宋。

岳飞借马论人

奇智妙计

岳飞借马论人，由议论良马与劣马的区别，来提示宋高宗思考能干的人和一般人的区别，让宋高宗自己得出结论，应该像重用良马一样重用能干的人。

绍兴七年（公元 1137 年）二月，岳飞入朝觐见宋高宗赵构。

岳飞入朝期间，和高宗曾经有过一次对话。

赵构问岳飞："卿家有没有中意的马啊？"

岳飞说："陛下，臣以前有过两匹良马，只不过后来死掉了。"

赵构："哦，怎么回事？"

岳飞："良马不但吃得多，而且要吃好的草料，喝清洁的水。它跑起来的时候，一开始也许不算太快，但是跑了一百多里后，会突然加速，马蹄踏踏，虽再跑两百里而不疲，看起来简直是浑身轻松，简直若无其事。这才是良马的样子。

"而那些劣马呢，它们没有良马这些臭脾气。吃得也不多，对食物和水的要求也很低，简直就是饥不择食、渴不择饮。若见人给它上鞍，马上就沉不住气，跃跃欲试，仿佛要急着证明自己。但是根本没有后劲，才跑了一百里地就累得气喘吁吁，往地上一躺，看起来简直累得要死。"

赵构听出了岳飞的心声。所以他有一次直接把岳飞召入自己的"寝阁"，足见信任与隆恩。他对岳飞委以重任："国家中兴的事，朕全部委托给卿家啦。"

精要简析

岳飞的一席话意味深长，他想告诉高宗，他是良马，虽然良马看起来比劣马难养活，要求高，但是，能够真出力，出大力，而不像劣马那样只有一个空架子。宋高宗明白了他的意思，所以对他委以重任。

朱元璋坐板凳，高位有能者居之

　　郭子兴于公元 1352 年起兵，以朱元璋为亲兵，将义女马氏嫁给朱元璋。

　　从此，军中人人皆称朱元璋为"朱公子"。

　　后来朱元璋被郭子兴升为总管，他深知自己年轻，资历又浅，就算有郭子兴撑腰，恐怕也不能服众。于是，上任头一天，朱元璋就把总管府大厅的座位全部撤去，换成两排长板凳。

　　众将领来开会，看到的就是这副诡异的景象，那些按地位和主次排列的座位没有了。但是这些人还是自动按官阶大小在条凳上排排坐，一会儿，朱元璋也来了，坐在长凳的末尾。

　　大伙儿也不客气，神态间尽显倨傲，都出生入死过，对揪着裙带爬上来的朱元璋实在很不屑。朱元璋也不点破，只是神色缓和地说："今儿请大家来，是想商量一下如何守城。谁有什么好的建议，尽管说。"

　　这两排人大眼瞪小眼，谁也不说话。无话可说，均无良策。

　　朱元璋说："那好，大家不说，我来说。各人划片，分段负责，加固城池，责无旁贷。"

　　三天期限过去，朱元璋验收成果，结果除了自己的地段完工，别人都没有完成。能力高下立辨，旁人无话好说。朱元璋再次召集开会，这回他不再叨陪末座，而是高高坐在主管的大位上，面沉似水地看着大伙儿。

人们忐忑不安，准备接受惩罚。结果朱元璋拿出郭子兴的令牌，说："我奉郭大帅之命，出任和州总管，过去的事既往不咎，以后谁若不遵将令，处罚从重，到时别怪兄弟我无情。"一群人缩着脖子低头听训，谁也不敢再态度倨傲。

心服了，口也就服了，朱元璋的命令也就没人敢不听了。

精要简析

一出坐板凳的戏，前后分为两个步骤：第一个步骤是在同一条起跑线的基础上各自拼搏，第二个步骤是在显露出能力高下的情况下坐上高位。这样一来，才能让大家心悦诚服。

朱元璋奇计百出保六合

奇智妙计

朱元璋先是实施诱敌之计，大胜之后又示敌以弱，麻痹元军，由此在自己势弱的情况下保住了六合。

1354年11月，脱脱统兵百万在高邮大败张士诚，又分兵围六合（今江苏六合）。

守将向郭子兴求救，郭子兴不肯，因为是两个冤家对头赵均用、孙德崖守城。可是如果不发兵，六合是滁州东边的屏障，摆明是要引狼入自家后院。

朱元璋好一番苦口婆心，说得郭子兴醒神，问众将官，谁愿领兵？结果让人丧气，因为摆明了是送死，大家避之唯恐不及。

关键时刻又是朱元璋领兵冒死支援六合，与将军耿再成合守离六合二十里的小镇瓦梁垒。

元兵人多欺负人少，每次都用人海战术，瓦梁垒的防御工事几乎尽毁，朱元璋率军拼死抵抗，奈何力薄，眼看就要全军覆没。

朱元璋急中生智，计上心头。

很快，元军就看到让人瞠目结舌的一幕：

叛军的队伍咋都撤回堡垒去了？

粮草咋都收了？

那全城的妇女在城门前干吗？咋一个个都大喊大叫、大哭大号的？

咦？咋全城人马都跑出来了？还是妇女和牲畜打头，青年壮年在后？你看他们吧，居然浩浩荡荡一直往后走，眼看就要撤到滁州城了！不好！上当了！他们败了要跑！

元兵这才醒过味来，策马加鞭，赶紧去追。

就在此时，朱元璋伏军尽出，滁州城里也战鼓齐鸣，杀声震天，全部兵马倾城而出，打了元军一个措手不及。元军大败，朱元璋获马匹无数。

但是紧接着，他做了一个让人很不好理解的决定。

他居然派地方父老抬酒赶牛，犒劳元兵，并将缴获的马匹也统统归还元将，口口声声说城中全是良民，因兵荒马乱，结寨自保，为的是防盗，不敢和官家作对如何如何。

元军输了一仗，结果转眼又把面子挣回来了，而且滁州本就久攻不下，这下有了台阶，就上报说滁州已受招安，然后径直参加高邮围城之战，放了郭子兴、朱元璋一马。

滁州保住，六合解围，二人鬼门关上走个来回，不由得抹把冷汗。

保卫六合一战，朱元璋奇计百出，智勇双全，声誉日隆。

精要简析

打仗不光要比拼兵力武势，更要动脑筋。在诱敌深入、打痛敌人的情况下，很容易会形成一种"乘胜追击"的思维定式。但是朱元璋反其道而行之，派人送礼麻痹元军，实在是因为自己势弱，硬打不得，只有这样，才能够保住六合。

朱元璋假托神灵之口揭穿毒计

奇智妙计

朱元璋把"通神"演绎得活灵活现，目的就是吓唬郭子兴的两个儿子，而他的目的也达到了，他们不敢再对自己轻举妄动，自己的性命也得以保全。

郭子兴死后，他的两个儿子，论权谋、论手段，都没有朱元璋的本事大，自然也不是朱元璋的对手。

早在滁州的时候，他们就看朱元璋不顺眼，想邀他赴宴，然后在酒里下毒，把他害死。

朱元璋不知道从哪儿得到了消息，但是事未到眼前，又不能说穿，否则告密的人也难办。若是哥俩再一口否认绝无此意，朱元璋就把自己搞得被动了。

朱元璋就若无其事地乘马前行，跟着郭家两兄弟有说有笑地前去赴宴。结果走到半路，他忽然勒马跃起，往复再三，然后又像中了邪一样冲着天上嘟里嘟噜一大串，好像还有问有答，好像在和人说话，还说得煞是热闹。郭家两兄弟都看直了眼。

良久，朱元璋一下子变了脸，冲这兄弟两个开骂："你们这两个王八蛋！我朱元璋做了什么对不起你们的事，你们竟然要害我！"两兄弟面面相觑：这还没下手哪，这话从哪儿说起？连忙抵赖："没有啊，没有啊。""还说没有！刚才天上的神仙都跟我说啦，说你们要把毒药下在酒里面！"

连细节都给透露出来了，这两个傻子吓得出了一身冷汗：乖乖，朱元璋有神灵保佑啊，以后还是别动什么心思的好。要不然不挨他的收拾，也得挨神仙的收拾。

这才算消停。

结果就是郭子兴的这两个草包儿子控制不住局势，"郭家军"基本上就算姓了朱。

精要简析

在性命攸关的时刻，朱元璋没有当面怒斥心怀不轨的郭家兄弟两人，而是借助所谓神灵的力量来揭穿对方的阴谋，既保全了自己的性命，也保护了向自己告密的人。

朱元璋重用读书人

奇智妙计

朱元璋敬重读书人，而读书人也一一对他指明了奋斗方向，规划了前景蓝图，助他成就伟业。这就是知识改变命运，就是堂皇正大的前景规划所起的作用。

朱元璋特别敬重读书人。

第一拨来到朱元璋身边的读书人，是冯国用、冯国胜（后改名为冯胜）两兄弟。当时朱元璋刚刚打下定远，这兄弟俩就来投奔，因为他们是读书人，得到了朱元璋的特别敬重。这两个人确实很有学问，他们对朱元璋说了六个字："有德昌，有势强。"说白了，就是："有势力可以强大到让人人都害怕，但必须要有德行，才能使事业倍加兴盛。"

他们的具体建议是："如今天下鼎沸、群雄并起，唯有建康（今江苏南京）虎踞龙盘，帝王之都，拔之以为根本，成有势之强；然后命将出师，倡仁义，收人心，不贪子女玉帛，则为有德之昌，而后天下可定。"其实千言万语一句话：打到南京去。朱元璋很高兴，任命他们为军中参谋。

这年七月，朱元璋队伍里又来了个更厉害的读书人，那就是定远儒士李善长。这个李善长，"少读书，有智计，习法家言，策事多中"，号称"里中长者"。

初一见面，朱元璋照例问："老先生有何指教？"

李善长比冯氏兄弟还狠，直接建议朱元璋效法汉高祖："秦乱，汉高起布衣，豁达大度，知人善任，不嗜杀人，五载成帝业。今元纲既紊，天下土崩瓦解。公濠产，距沛不远，山川王气，公当受之，法其所为，天下不足定也。"

说白了，就是不要抱着金瓦罐要饭吃，目光短浅不足以成大事。你看人家刘邦，出身布衣，不也称霸天下？你比起他一点不差，山川王气，你理当接受。这天下，是你朱元璋的啊。

朱元璋更高兴了，任命李善长为秘书官。从此目标更加明确：学习汉高祖打天下。

1355年，朱元璋打下了太平城，城里的大儒陶安等率父老出迎，他又给朱元璋烧了一把火："如今海内沸腾，豪杰并起而争，但很多人只知道杀人如麻，抢钱抢东西，跟恶霸地主没什么区别，脑瓜子里没有想着拨乱反正，救民安天下。只要你坚持不乱杀人，讨伐腐败政权，就一定能够得民心，得天下。"

朱元璋狂点头，然后问："我想打下金陵（即南京），怎么样？"

陶安首肯："金陵，古帝王都，取而有之，抚形胜以临四方，何向不克？"朱元璋的心里更有底了。

读书人替他确定方向，帮他认清局势，给他画好了做事的道道，剩下的，就是由他来实施了。

精要简析

天下大势，群雄蜂起，一片乱麻的情况下，需要智者给厘清天下大势，明辨前进方向，朱元璋在这方面做得很好，能听得进谏言，并且付诸实践。

刘基不拜韩林儿

奇智妙计

刘基（刘伯温）被后人类比为诸葛武侯，因为他见事极真而思虑长远。他辅佐朱元璋，走一步看两步想三步，较之短视的诸起义军将领，不知道思虑深了几许。他不拜韩林儿就是为了提示朱元璋，他应该立起自己的大旗，有自己的政治主张，方能图谋霸业。

刘基初到金陵时，朱元璋的力量有了很大的发展，但东边的张士诚和西边的陈友谅对朱元璋形成很大的威胁。

而且朱元璋一直没有打起自己的旗号，而是尊奉小明王韩林儿——因为韩林儿传闻是宋徽宗的九世孙，所以刘福通等人找他来当皇帝，以达到挟天子以令诸侯的目的，打着反元复宋的幌子推翻元朝。

刘基是坚决反对朱元璋尊奉小明王的。元至正二十一年（公元1361

年）农历正月，朱元璋在金陵中书省设御座，率文武僚属遥拜小明王，行庆贺之礼，刘基却站在一边不肯下拜。

朱元璋问他为何不拜，刘基答："他不过是个牧童罢了，为什么要尊奉他？"然后向朱元璋陈说，要想建功立业，必得自己做自己的主，摆脱别人的控制。

至正二十三年（公元1363年），张士诚部将吕珍攻韩林儿于安庆，刘福通要朱元璋发兵救援。刘基说："现在陈友谅、张士诚虎视眈眈，我们分散兵力，必会遭人乘虚而入。再者说了，就算将小明王救了出来，又如何安置？"

朱元璋不听，亲自率军往救。陈友谅果然乘虚而入，率大军袭击朱元璋辖下的洪都。朱元璋只好星夜兼程，赶回来解围，而韩林儿也成了朱元璋的累赘。所以事后他自我检讨，后悔没听刘基的话，几乎误了大事。

不久，朱元璋杀韩林儿自立。

精要简析

刘基不从俗从众，不肯拜韩林儿，通过这样一个特立独行的举动，向朱元璋鲜明地昭示了自己的想法，给朱元璋造成有力的冲击，这样朱元璋才能把他的话听进心里，过后进行反思，采取正确措施。

朱元璋信任降兵收人心

奇智妙计

朱元璋是个权谋大家，他真有让降而复叛的军队以死效力的本事。他在降兵包围之中呼呼大睡，这一步既是险招，又是妙棋，以一己之危，赢得三万将士归心。

朱元璋举义之初，地盘小，人也少，力量小得很，所以，分化别人、加强自己就成了工作的重中之重。

朱元璋夺取太平后，俘虏了陈埜先，这家伙先投降，再背叛，朱元璋于至正十六年三月初一亲率大军，水陆并进，攻下集庆。然后于三月初三夺下江宁镇，活捉了他的儿子陈兆先，尽降其众，得兵三万多人。

这些降兵都想着完了，肯定活不成了。没想到朱元璋却从他们里面挑选出五百勇士担任自己的亲军，晚上把旧人都赶开，唯留冯国用一人在侧，他自己解甲卸装，睡觉打呼噜打得震天响，以此表示和他们推心置腹，毫无隔阂。

结果众多降卒疑虑尽除，大为感动，纷纷表示要效命新主。

休整数日，红巾军再次攻城，冯国用就用这五百兵作为先锋，在蒋山大败元军，直抵城下。各路军队竞相前进，元将福寿不敌身死，元将康茂才率部投降，蛮子海牙逃归张士诚。集庆这块风水宝地终于落入朱元璋的囊中。

有了它，朱元璋就为自己的帝业奠定了最稳固的地基，那可是形胜之地，虎踞龙盘，更何堪又平添兵民五十万。

精要简析

朱元璋不惜置身险境，来表达对降兵的信任之情，虽然冒险，但想来他也不会真的毫无防范。但是这样做足够使降兵感受到被信任的热情，投桃报李，必定为他舍命而战。

先打陈友谅，再灭张士诚

奇智妙计

朱元璋确定的先攻硬骨头、再捏软柿子的进攻方向从一开始就在战略方面占据了优势，为日后霸业的实现奠定了基础。

如何对付陈友谅和张士诚，成为朱元璋左右权衡的重大问题。朱元璋的绝大多数部下对陈友谅心怀畏惧，对张士诚则抱着不以为然的态度，因为前者非常凶悍，后者意志柔弱，所以他们希望先捏软柿子，等自己的力量充实后再碰硬石头，这是合情合理的。

事实上，朱元璋也动过这种念头，但他也知道付诸行动的危险性，最后，朱元璋听从了谋士们的建议，决定先除掉雄心勃勃的陈友谅，尔后再回过头收拾软骨头张士诚，因为若先打张士诚，陈友谅势必乘虚而入；若先打陈友谅，不思进取的张士诚可能会坐山观虎斗。

战略步骤定下了，朱元璋克制自己的贪欲，不为蝇头小利所动，暂时把近在眼前的张士诚放到旁边，全力对抗强大的陈友谅部队。

公元 1363 年，朱元璋与陈友谅大战于鄱阳湖，取得决定性胜利，并夺得江西全境。

公元 1364 年，攻下武昌，取得湖北。

公元 1365 年，平定湖南、广东。

公元 1367 年，完全打败张士诚、方国珍。

尽管过程曲折，甚至小有反复，陈友谅和张士诚却最终都被朱元璋灭掉。至此，南方基本统一在朱元璋旗下。

精要简析

之所以先打陈友谅，再打张士诚，是朱元璋基于二人脾气性格做出的先后攻打顺序：陈友谅强硬，如果先打张士诚，陈友谅就可能出兵援助；而张士诚软弱且优柔寡断，如果先打陈友谅，张士诚却会隔岸观火。事实证明，朱元璋的做法是对的。

陈友谅杀俘，朱元璋优俘

奇智妙计

同样是对待俘虏，陈友谅杀俘，朱元璋却优待俘虏，并且放回俘虏，这是多么鲜明的对比，越发衬托得陈友谅残忍不仁，朱元璋恩宽似海。而放回去的俘虏，就都变成了心向朱元璋的策反机器，如此一来，人心向朱，陈友谅怎能不败？

至正二十三年（公元1363年），朱元璋和陈友谅大战于鄱阳湖，朱元璋渐渐扭转劣势，陈友谅准备拼死一搏。这时，朱元璋给陈友谅写了一封信，信中指斥陈友谅的败绩恶行："我原想与你结盟，各安一方，以候天命。你失策，肆意荼毒于我。我率兵轻装从小道出击，突袭攻占了龙兴十一郡，你仍未忏悔自己造成的祸患，又挑起事端。第一次被困在洪都，第二次在康郎山战败，骨肉将士重重遭受涂炭。你若侥幸生还，应除去帝号，坐等真命天子，否则必定家破人亡，后悔也晚了。"

此信的本意就是要激怒陈友谅，结果这家伙果然上当，怒不可遏，下令把俘虏的朱元璋部士兵全部杀死。

那边他正杀得高兴，这边朱元璋却在为他的俘虏治伤疗病，然后伤好病愈，一律遣返回营，还给陈友谅的弟弟、侄子和他们的阵亡将士临水祭

167

奠，超度亡灵，陈友谅的俘虏兵们那叫一个感动，人人心里揣了一个小太阳，一回营中，看似是给陈友谅增加战斗力去了，实则却成了一个个的策反机器。

精要简析

朱元璋在对待俘虏方面，做得要比陈友谅高明太多。他优待俘虏，祭奠敌军亡灵，打起的是仁义之师的旗号，深得军心，这是无形的力量，与有形有数的军事力量相比，虽不可见，却更重要。

朱元璋巧打时间差

奇智妙计

朱元璋在深知两个劲敌的脾气秉性的基础上，故意诱敌深入，激得陈友谅和张士诚错开步调，给自己腾出一个时间差，不至于同时对上两个强敌。这是朱元璋的知人之明。

朱元璋的劲敌就是陈友谅和张士诚。至正二十年（公元 1360 年）五月，朱元璋和陈友谅大战的大幕拉开，不料初战朱元璋的军队即宣告不利，丢了太平。然后陈友谅大军扬帆东下，矛头直指南京。

朱元璋部下乱作一团，有的主张拼死一战，有的主张暂避兵锋，有的更干脆：投降算了，咱们打不过呀。

这时候朱元璋的脑瓜就很清醒。陈友谅和张士诚的性格脾气，他都摸得熟透，再加上刘伯温鞭辟入里的分析，他就明白自己想得很对：志得意满，急于求成，看似汹汹而至，却是骄兵必败。

此时需要做的，就是在战法上一较高下。干脆给他来个诱敌深入，然后痛殴之。

于是他就派陈友谅的旧交康茂才诈降，引陈友谅前来。李善长一听，康茂才去约降，那不是让人家来得更快？让咱们死得更快？旁人也是议论纷纷。

朱元璋说：你们不懂了吧？就是要他快来，越快越好。你们想，现在一个陈友谅，咱们都有点吃不消，后面还有个强大的张士诚，要是这两人同时出手，前后夹击，那咱们就死定了。

可是陈友谅和张士诚这两人，陈友谅急躁冒进，张士诚优柔寡断，怕的是拖的时间越久越麻烦，陈友谅慢下来等张士诚，张士诚快起来就等陈友谅。

现在我这么一激，陈友谅受不住了，一马当先冲到前边，张士诚跟不上他的步调，有个时间差，咱们才能来个各个击破。

这么一分析，连重臣李善长都佩服朱元璋的知人之明。事实也果真如朱元璋所料，结果也就在大家的意料之中，陈友谅被灭。

精要简析

越是情势紧急，越是要稳得住心，朱元璋没有张皇失措，而是针对两个人不同的脾气秉性，硬生生从死路中给自己找出一条生路来。

稳扎稳打，大败张士诚

奇智妙计

打仗拼的不光是军队多寡、装备强弱，更要讲策略。朱元璋的策略是为避免打一个张士诚，被他的一大群手足兄弟围攻，倒不如先剪除他的羽翼，截断他的后路，然后再灭其一人。事实证明，这样做是正确的。

陈友谅被灭，朱元璋正式发布命令，征讨张士诚。

此前他就与群臣反复谋划，到底应不应该马上对张士城用兵，如果用兵，又该如何作战。

大将常遇春主张直捣张士诚的苏州大本营，朱元璋不允。他的理由是张士诚出身盐贩子，那个年代，贩私盐的家伙们最擅长的就是好勇斗狠，敢玩命，讲义气。张士城和他的手下张天琪等人互为手足，如果把张士诚逼到绝路，他的那些弟兄绝对不会坐视不理，一定拼死相救。到时候要对付的就不止张士诚一个人，胜负实难预测。

所以，应该先消除外围力量，把张士诚的后路截断，大军一路稳扎稳打，向苏州逼围，方是上策。

事实证明，朱元璋又对了。

张士诚也被他打败。

精要简析

在打张士诚这个敌人的时候，朱元璋仍旧发挥他知人的长处，基于张士诚人际关系的远近亲疏脉络而制订策略，先灭周遭，再攻中心，稳扎稳打，步步为营。

逼降方国珍

奇智妙计

朱元璋在一统天下的过程中，展示出的不仅是他领军打仗不拘一格的军事才能，更是他对于对手脾气秉性的深入了解。正所谓"知己知彼，百战不殆"。

公元 1367 年九月初一，朱元璋派浙江行省参政朱亮祖率浙江衢州、金华等处地方的驻军讨伐方国珍。

他交代朱亮祖："方国珍这家伙是鱼盐贩子出身，一向懒惰偷生，惯于骑墙观望。今天出兵，咱们一定能打赢。他也没别的地方可跑，准会泛海逃遁。至于三州之民，已是十分凄惨，攻下城池后，不要随便乱杀人。"

他又对了，先是方国珍派弟弟方国瑛迎战，方国瑛战败逃走。方国珍果真被迫率部逃亡入海，又被追兵在盘屿打败，最终派儿子奉表乞降。

并不是朱元璋料事如神，而是他能够窥人性情。

精要简析

战局越是复杂纷乱，越是要了解自己的敌人，把握整体的局势。要做到这一点，必须有远见卓识。既不能贪一时之得，只看眼前三寸利，也不能逞一时之快，急于求成。

迂回包抄占集庆

奇智妙计

朱元璋打仗求稳，越是胜利，头脑越是冷静。身为主帅，周围部将全都叫着前进的时候，他还能如此冷静，制订迂回包抄、围而歼之、一举拔之的策略，是很不容易的。

在攻打集庆（南京）的时候，朱元璋又显示了冷静非凡的头脑和卓越的军事才能。

那时候，朱军和元军已经恶战多次，打得江北元军主将蛮子海牙狼奔豕突，拼命逃窜。朱家众将领就开始头脑膨胀，一说要打南京，全部豪气冲天，主张"直趋金陵"，即从南京对面渡江，直拔台城。

朱元璋不允。他说这样不行，太冒险。我们要对集庆周围实行迂回包抄，使金陵完全处于孤立无援的绝境，然后再一举拔之！

结果，朱元璋又赢了。此战，他集中主力各个击破，先扫清集庆外围之敌，再攻克江南重镇集庆，乘势扩大战果，巩固集庆，最终使其成为他争雄天下的大本营。

精要简析

朱元璋攻打集庆，本着先外后内、先易后难、各个击破、最后再摘下大桃子的军事思路谋划布局，果然攻下集庆，取得重大军事胜利。

高筑墙，广积粮，缓称王

奇智妙计

朱元璋面对元军，采取的仍旧是稳扎稳打的措施，说白了，就是斩杀一只野兽，就要断其爪，挖其目，拔其牙，然后再围起来，狠狠地打。这样的做法，没有任何阴谋，就是一口口蚕食敌人，直到把敌人啃光吃净。

朱元璋一步步灭掉南方的对手，只剩下北边的元朝政权。

朱元璋手下诸将还是被不断的胜利冲击得直觉自己天下无敌，纷纷主张以百万之师直捣元都。

朱元璋不肯。再怎么说元军是强弩之末，那也毕竟占据着半壁江山，人口众多，城池坚固，一旦北伐策略失当，想要倒元就会难上加难。

怎么办？朱元璋提出了最佳的行军路线："先取山东，撤其屏蔽，旋师河南，断其羽翼，拔潼关而守之，据其户槛……然后进兵元都。"

这个办法的稳健妥当程度，令后来的军事家都大为叹服。朱元璋攻下徽州时，曾召休宁名儒朱升问时务，朱升建议他："高筑墙，广积粮，缓称王。"这样老成持重的观点十分合乎朱元璋的胃口，所以他没有异议，痛快接受了，而且越来越把这种方针贯彻下来。

精要简析

元末群雄蜂起，到最后许多势力却灰飞烟灭，独留一个朱元璋由弱变强，最后统一了全国，就是因为他的清醒。既察人、又察势，把稳舵，保持了事业的正确方向。

朱元璋垦荒屯田，深谋远虑

奇智妙计

烽火狼烟，群雄争霸，最终尘埃落定之时，国家也被打得破破烂烂，百姓衣食艰难。在这种情况下，朱元璋能够深知国计民生之难，而采取休养生息、垦荒屯田等措施，可见其深谋远虑。

公元 1368 年，朱元璋称帝不久，外地州县官员来朝见，朱元璋就对他们说："天下初定，老百姓财力困乏，像刚会飞的鸟，不可拔它的羽毛；如同新栽的树，不可动摇它的根。现在重要的是休养生息。"

到了公元 1370 年，朱元璋又接受大臣建议，鼓励开垦荒地，并下令：北方郡县的荒芜田地，不限亩数，全部免三年租税。

当时因为打仗，到处都是逃难的，于是大量的田地荒芜。尤其是北方，更是地广人稀，一片荒芜。

这样一些兔子不拉屎的地方，就算朝廷不收税，也没人愿意去开垦。

朱元璋这下恼火了，下令谁敢不听就来硬的。刀架在脖子上，你去也得去，不去也得去。就这样，朱元璋采取强制手段，把人多地少地区的农民迁往地广人稀的地区。

这些被押送过来的垦荒者说："我们没有耕牛和农具，怎么开荒啊？"朱元璋下令，那就由政府供给耕牛、农具！

没有种子，怎么种地？那就由政府供给种子，而且规定免税三年。

实惠到手，农民垦荒的积极性大涨。

除了民屯外，明初还有军屯和商屯。

军屯由卫所管理，官府提供耕牛和农具。明朝军士屯守比例是：边地军队三分守城，七分屯田；内地军队两分守城，八分屯田，军粮基本上自给自足。

当兵的也要种地，这叫自己动手，丰衣足食。

所谓商屯，就是指商人在边境雇人屯田，就地交粮，省去了贩运费用，获利更丰。商屯的实行，解决了军粮问题，同时也开发了边疆。

在朱元璋积极措施的推动下，农民生产热忱高涨。明初农业发展迅速，元末农村的残破景象得以改观。农业生产的恢复发展，也促进了明代手工业和商业的发展。

精要简析

朱元璋出身低微，很清楚平民的艰难，所以他会实行赋税减负，采取一系列措施"藏富于民"，使得明朝逐渐步入正轨，呈现出欣欣向荣的景象。

阿巴亥依靠儿子东山再起

> 阿巴亥之所以能够东山再起，就是在光明正大地依靠两个儿子。两个儿子不停地在努尔哈赤面前替她刷存在感，让努尔哈赤根本就无法忘掉她，并且认识到她教子有方，明德贤良。

阿巴亥是清太祖努尔哈赤的第四任大妃，后来因为得宠遭嫉，遭努尔哈赤休弃。

阿巴亥被休弃的时候，她给努尔哈赤生的两个儿子多尔衮八岁，多铎六岁。

她不再得到赏赐，也不再能分到优厚的战利品。她带着两个年幼的儿子，住在小木屋里，自己煮饭吃。

但是，这并不意味着她就甘愿认输，她当初能够在众多妻妾中脱颖而出，被立为大妃，如今她也就能够想办法让自己重新得到垂青。

她最大的依靠就是两个儿子。

努尔哈赤对阿巴亥生的这两个孩子是特别喜欢的。

当不在外征战的时候，他会把这两个孩子带在身边。当在外征战的时候，他也会念及两个幼子，就算阿巴亥得不到赏赐，但是两个儿子的赏赐从来不曾缺少。

这天，努尔哈赤带着多铎出外打猎，风吹草低，多铎这个敦敦实实的小儿子拿着小弓，坐在父亲身前，眼前一只野兔倏然惊起。努尔哈赤把着多铎的小手，一起拉开弓弦，一声轻响，"嘣"的一声，一箭穿透了一只野兔的身体。

野兔挣扎几下，倒地气绝。多铎急急下马，拎起小兔，向着努尔哈赤欢笑蹦跳。努尔哈赤大乐："我的儿子像草原上的雄鹰，抓野兔一抓一个准。说吧，你想拿这只野兔怎么办？"

多铎双手奉上野兔："父汗，母亲总是跟我说，最好的东西要留给父汗吃。我把打到的猎物献给父汗。"

努尔哈赤伸手接过野兔："这是你的母亲跟你说的？"

多铎点点头："母亲平时总是教导我们，要敬重父汗，听父汗的话，做父汗最好的儿子。"

"走吧，我们回去。"

努尔哈赤带着多铎，一起向大帐驰去。

刚到大帐，正好看到多尔衮抱着书本在帐门口伫立。

"你来做什么？"努尔哈赤问。

"父汗，这是我近些日子来的功课，母亲说父汗是这个世界上最睿智的人，她让我有不懂的功课就来请教父汗。"

努尔哈赤笑了。

公元 1621 年，后金迁都辽阳，时称东京。阿巴亥被努尔哈赤召回，重新立为大妃。

她再次住进了和她的身份相匹配的显赫宫殿里。

精要简析

在当时的社会形态下，一个遭休弃的女人想要重新复宠，只能利用自身的一切优势，比如阿巴亥就依靠她的两个儿子东山再起。

范文程见微知著，劝降洪承畴

奇智妙计

　　范文程劝降洪承畴时，并没有使用什么阴谋，他只是通过细致入微的观察能力，察知洪承畴的"惜命"心理，报告给皇太极，皇太极才能攻"敌"弱处，示"敌"温情，最终达到劝降的目的。

　　公元1642年2月，松锦大战中，大明蓟辽总督洪承畴被俘。

　　他是一代名将，深得明朝皇帝信任。皇太极非常想招降他，但是，洪承畴宁死不降。

　　皇太极无可奈何之下，派范文程前去劝降。

　　范文程见到洪承畴后，面对洪承畴的满腔愤怒与极端警惕，任由洪承畴大骂自己，等洪承畴骂了个够，将火气泄尽，然后才慢条斯理地说起话来。而且在言谈话语中，他也绝口不提让洪承畴投降，只是和洪承畴天南海北地说话。

　　洪承畴见对方没有劝降之意，警惕心也逐渐放松，二人谈古论今，好像两个山野闲人。这中间，范文程也夹带了一点点的"私货"，就是假装不经意间谈起自己的亲身经历，说他自己如何在明朝不受重用，却被皇太极十分重视。见洪承畴并无所动，他也就顺势转了话题。

　　看似漫不经心地聊天，洪承畴却没有想到范文程一边和他谈天说地，一边在暗暗观察他的一举一动。

　　在说话间，梁上尘土落于洪承畴的衣襟之上，他抬手将灰尘拂去，拂之不净，又再三拂之。这只是他的一个下意识动作，却被范文程看在眼里。范文程于是心中有数，由此报告给皇太极说："洪承畴并没有必死的决心。他对于身上穿的衣服都如此爱惜，更何况他的性命？"

皇太极一听十分高兴，亲自去见洪承畴，经过一番"攻心"后，洪承畴最终被攻陷，亲口向皇太极表示愿意归顺。

精要简析

范文程心细如发，通过洪承畴的言行举动发现他隐藏很深的真实心理，终于确定洪承畴"惜命"的心理特征，由此为皇太极的温情劝降打开了缺口。